Orientação para aposentadoria nas organizações de trabalho

Z28o   Zanelli, José Carlos.
   Orientação para aposentadoria nas organizações de trabalho : construção de projetos para o pós-carreira / José Carlos Zanelli, Narbal Silva, Dulce Helena Penna Soares. – Porto Alegre : Artmed, 2010.
   143 p. ; 23 cm.

   ISBN 978-85-363-2298-8

   1. Problemas emocionais associados à aposentadoria. 2. Aposentadoria – Planejamento. I. Silva, Narbal. II. Soares, Dulce Helena Penna. IV. Título.

CDU 364.624.2:331.106.47

Catalogação na publicação: Renata de Souza Borges CRB-10/1922

Orientação para aposentadoria nas organizações de trabalho

Construção de projetos para o pós-carreira

José Carlos Zanelli
Narbal Silva
Dulce Helena Penna Soares

2010

© Artmed Editora S.A., 2010

Capa
Gustavo Macri

Preparação do original
Cristine Henderson Severo

Editora sênior – Ciências Humanas
Mônica Ballejo Canto

Editora responsável por esta obra
Amanda Munari

Projeto e editoração
Armazém Digital® Editoração Eletrônica – Roberto Vieira

Reservados todos os direitos de publicação, em língua portuguesa, à
ARTMED® EDITORA S.A.
Av. Jerônimo de Ornelas, 670 - Santana
90040-340 Porto Alegre RS
Fone (51) 3027-7000 Fax (51) 3027-7070

É proibida a duplicação ou reprodução deste volume, no todo ou em parte, sob quaisquer formas ou por quaisquer meios (eletrônico, mecânico, gravação, fotocópia, distribuição na Web e outros), sem permissão expressa da Editora.

SÃO PAULO
Av. Embaixador Macedo Soares, 10.735 - Pavilhão 5 - Cond. Espace Center
Vila Anastácio 05095-035 São Paulo SP
Fone (11) 3665-1100 Fax (11) 3667-1333

SAC 0800 703-3444

IMPRESSO NO BRASIL
PRINTED IN BRAZIL
Impresso sob demanda na Meta Brasil a pedido de Grupo A Educação.

AUTORES

JOSÉ CARLOS ZANELLI

Psicólogo (1974). Doutor em Educação pela Universidade de Campinas (1992). Professor da Universidade Federal de Santa Catarina, onde idealizou e implementou o PPA/UFSC em 1993. Trabalha na área ampla de Psicologia das Organizações e, especificamente, nas atividades relativas ao desenvolvimento interno de programas de orientação para aposentadoria nas organizações. Além de coordenar programas e atuar como orientador, conduz pesquisas relativas ao assunto. Publicou diversos artigos e livros. Títulos publicados pela Artmed: *Estresse nas organizações de trabalho* (2010); *Psicologia, organizações e trabalho no Brasil* (2004); *O psicólogo nas organizações de trabalho* (2002); tem participação como autor de capítulo no livro *O trabalho do psicólogo no Brasil* (2010, em produção).

NARBAL SILVA

Psicólogo (1984). Especialista em Psicologia Organizacional e do Trabalho (Título conferido pelo Conselho Federal de Psicologia). Mestre em Administração. Doutor em Engenharia de Produção. Professor da Universidade Federal de Santa Catarina. Editor-chefe da *Revista Psicologia*: organizações e trabalho. Desde 1994, coordena pesquisas e programas relacionados à aposentadoria e atua como consultor, ajudando gestores na construção de condições físicas e psicossociais propícias de orientação para aposentadoria nas organizações. Títulos publicados pela Artmed nos quais tem participação como autor de capítulo: *Psicologia, organizações e trabalho no Brasil* (2004) e *O trabalho do psicólogo no Brasil* (2010, em produção).

DULCE HELENA PENNA SOARES

Psicóloga (1981). Doutora em Psicologia pela Universidade de Strasbourg – França (1996). Professora da Universidade Federal de Santa Catarina. Bolsista Produtividade CNPq. Desenvolve pesquisas de orientação para a aposentadoria, com ênfase em projetos de futuro, tempo livre e identidade. Coordena o Projeto Aposent-Ação. É consultora em programas de orientação para a aposentadoria e orientadora profissional e de carreira. Tem vários artigos e livros publicados. Título publicado pela Artmed: *Orientação vocacional ocupacional* – 2.ed. (2010).

Para *Andreia*,
companheira, presente presente.
José Carlos Zanelli

Para *Luciani*,
amor para sempre, com quem aprendi, aprendido em pai,
as palavras mágicas: "Não precisa falar, basta olhar!"
Narbal Silva

Para *Sergio Vasco*,
companheiro na certeza de se ter uma segunda
carreira melhor ainda que a primeira!
Dulce Helena P. Soares

AGRADECIMENTOS

Agradecemos aos servidores da Universidade Federal de Santa Catarina (UFSC), que, a cada semestre, dedicam-se e confiam na equipe e no Programa, compartilhando suas expectativas, emoções e sonhos.

Aos participantes da região de Florianópolis e de outras regiões do País, que, desde as primeiras edições do Programa, nos brindaram com confiança e esperança.

Aos alunos e ex-alunos do Curso de Psicologia da UFSC, que estiveram envolvidos desde a criação do Programa, em 1992, e em todo desenvolvimento posterior.

Aos servidores do DDRH/Pró-Reitoria de Assuntos Comunitários da UFSC, que contribuíram e acreditaram na proposta, desde as primeiras formulações. E aos servidores do Centro de Capacitação e Desenvolvimento Humano que atualmente abrigam o Programa Aposent-Ação.

Aos participantes dos grupos coordenados pela equipe do Laboratório de Informação e Orientação Profissional (LIOP) que acontecem no Serviço de Atendimento Psicológico (SAPSI) que sempre demonstraram carinho e respeito pelo trabalho realizado e vivenciaram muitas experiências valiosas para a sua aposentadoria.

Aos profissionais de outras organizações, que trabalham em Programas semelhantes e não hesitam em agregar aprendizagens.

SUMÁRIO

Prefácio 13
Lucia França

Apresentação 17

PARTE I
O TRABALHO E A APOSENTADORIA

1 Significados do trabalho 21
2 Significados da aposentadoria 27
3 Aposentadoria e espaços da vida pessoal 35
4 Preparação, orientação, reflexão ou relação de ajuda 41
5 Construção de projetos de vida no pós-carreira 51
6 Bases conceituais do Programa 57
7 Aprendizagens e interpretações da prática do Programa 63

PARTE II
O PROGRAMA DE ORIENTAÇÃO PARA APOSENTADORIA

8 A Pesquisa Preliminar e o Programa 71
9 A qualificação de orientadores para aposentadoria 79
10 A estrutura do Programa 83
11 As palestras informativas 91
12 As vivências grupais 109
13 A avaliação e o acompanhamento 133

Referências 137

PREFÁCIO

O mundo está envelhecendo, e no Brasil este processo será ainda mais rápido por conta da forte queda na taxa de natalidade observada nas últimas décadas, bem como do avanço da medicina e da tecnologia a serviço da postergação da vida. O aumento da expectativa de vida resultou também na elevação do número de aposentados, representando um dos maiores desafios da atualidade, tanto para os setores de saúde, previdência, educação, trabalho e assistência social. É necessário que esses setores desenvolvam diretrizes, políticas e ações de forma a garantir o pagamento das aposentadorias dignas, o atendimento médico, a atualização, a mobilidade, o lazer e a participação social, e que, juntos, possam garantir que a quantidade de anos seja vivida com mais qualidade. O mundo acadêmico, acompanhando este novo desafio, vem se mobilizando na realização de pesquisas, monografias, teses, livros, artigos e projetos voltados para esta população. Por outro lado, a sua parceria com as organizações, por meio das consultorias, representa um papel crucial no apoio aos trabalhadores que se encontram em transição para a aposentadoria.

A aposentadoria dos brasileiros reproduz as condições de qualidade de vida coletiva da população, além das expectativas e histórias de vida que variam de acordo com o local de moradia, contexto familiar, educação, tipo e condição de trabalho, condições financeira e de saúde. É igualmente importante mencionar que o bem-estar na aposentadoria depende das atitudes dos futuros aposentados diante deste evento. Pesquisas recentes vêm demonstrando que as atitudes positivas ou negativas dos futuros aposentados frente à decisão da aposentadoria são fortemente influenciadas pelo seu relacionamento com a família e com o mundo social, e pela diversidade nos interesses e atividades com os quais preenchem seu tempo livre.

A aposentadoria é confundida por muitos com o processo de envelhecimento, que, por sua vez, pode ser assustador. Estamos diante de um tema multidimensional, ambivalente, que contém contradições e diversidades. Nem toda a velhice é aposentada e nem todo aposentado é velho. Assim, alguns futuros aposentados são trabalhadores privilegiados e tiveram oportunidade de se preparar financeiramente para o futuro, enquanto muitos contarão apenas com o salário mínimo da Previdência. Outros desejam se aposentar, mas não sabem como será viver sem a rotina do trabalho. Alguns tiveram oportunidades de experimentar desde jovens atividades culturais e de lazer, enquanto outros sequer reconhecem seus interesses. Muitos irão continuar trabalhando por mais tempo para conseguir sobreviver, outros por prazer. É fundamental garantir o livre arbítrio e vislumbrar a aposentadoria como uma oportunidade para rever seus projetos de vida, antigas ideias, vivenciar novas situações e desenvolver atividades que sempre desejaram, ou descobrir novas fontes de prazer e realização.

A temática da orientação ou preparação para a aposentadoria perpassa diversas áreas de conhecimento, nas quais cada um tem um papel de destaque, seja na produção de pesquisas e do conhecimento, seja na formulação de projetos e programas. Não faltam demandas, mas é preciso ações conjuntas, entre a universidade, o governo, a sociedade e os gestores de recursos humanos. Estes últimos têm a função de sensibilizar as organizações quanto à importância deste tipo de programas, a orientação da aposentadoria ou a adoção do *bridge employment* – trabalho temporário antes da aposentadoria definitiva. Uma tendência dos países desenvolvidos tem sido a manutenção dos trabalhadores mais velhos no mercado, atualizando-os e propondo a flexibilização dos horários de trabalho. E ainda o repasse de conhecimentos e história organizacional pelos mais velhos aos jovens trabalhadores.

Vale ressaltar o papel da mídia na quebra dos preconceitos contra o envelhecimento – *ageismo* – ainda muito presente nas organizações, instigando a reflexão sobre a diversidade, a memória e os benefícios intergeracionais. Em breve, os idosos não serão mais minoria: eles se constituirão um grupo igual (em número) ao de crianças de 0 a 14 anos. Para que nos antecipemos aos desafios desta realidade, é extremamente importante a participação de todos os setores da sociedade, sendo de especial relevância a produção acadêmica na função de multiplicadores desta nova ordem.

Neste especial, parabenizo meus colegas psicólogos e professores José Carlos Zanelli, Narbal Silva e Dulce Soares pelas iniciativas realizadas nesta área. Lembro-me de que, em 1995, quando organizei o I Seminário sobre Programas de Preparação para Aposentadoria, realizado em 1996, na Universidade do Estado do Rio de Janeiro (UERJ), um dos convidados mais requisitados pelas empresas que constituíam a comissão organizadora do evento era o Prof. Dr. Zanelli. Na época, o sucesso de sua experiência na preparação para aposentadoria realizada com servidores da Universidade Federal de Santa Catarina (UFSC) já percorria todo o Brasil.

É com imenso prazer e orgulho que eu apresento o livro *Orientação para aposentadoria nas organizações de trabalho*, liderado pelo Prof. Dr. José Carlos Zanelli, com a participação do Prof. Dr. Narbal Silva, que desenvolve pesquisas e projetos nesta área na UFSC, e da Profa. Dra. Dulce Soares, que associou sua ampla experiência na orientação profissional para jovens à reorientação profissional para futuros aposentados, tema de absoluta importância diante do desejo e necessidade de muitos aposentados continuarem trabalhando. Estes autores, além da sólida experiência acadêmica tanto na graduação quanto na orientação de mestres e doutores, cumprem com o ideal que se espera da Universidade no mundo atual, ou seja, produzem a interface da pesquisa, teoria e prática, na oferta de serviços de consultoria para as organizações nesta área de conhecimento.

O texto é extremamente cuidadoso e agradável, trazendo uma revisão bibliográfica atualizada e consistente, além de oferecer aos leitores exercícios de grupo para serem desenvolvidos nas organizações. Este livro tem tudo para ser um sucesso e se constituirá em um grande referencial para os profissionais que coordenam Programas de Preparação para Aposentadoria nas organizações. Não será surpresa saber que o livro inspirou a uma legião de novos profissionais que se lançaram nesta área tão sedutora.

Lucia França
Professora no Programa de Pós-Graduação em Psicologia da Universidade Salgado de Oliveira. Consultora para organizações em Programas de Preparação para a Aposentadoria (www.luciafranca.com)

APRESENTAÇÃO

A intenção dos autores, quando surgiu a ideia de compartilhar as experiências advindas do Programa, foi a de passar, de modo tão simples quanto possível – contudo, sem perder a consistência teórico-metodológica –, procedimentos que possam ser aplicados nas organizações, de modo a auxiliar em algum grau as pessoas no processo de transição para aposentadoria.

Os conteúdos aqui apresentados destinam-se principalmente aos profissionais de recursos humanos que atuam ou têm responsabilidade pelo bem-estar integral das pessoas em suas organizações. Também aos professores universitários e estudantes de diversas áreas, que no seu futuro profissional atuarão em áreas de RH e precisam saber o que é possível fazer para planejar e executar programas de orientação para aposentadoria.

O que se relata neste livro é fruto de um trabalho que teve início em 1992. Estudantes do Curso de Psicologia da UFSC, motivados pelo tema, provocaram o desenvolvimento de uma série de estudos, pesquisas e aplicações que agora completa quase duas décadas de realizações. Inicialmente, a pesquisa preliminar, os estudos introdutórios e os primeiros grupos de PPA foram orientados pelo Prof. Dr. José Carlos Zanelli. De 1994 a 1997, a condução direta do trabalho ficou sob a responsabilidade do Prof. Dr. Narbal Silva. Em 1998, retornou ao Prof. Dr. José Carlos Zanelli. Após um período de suspensão das atividades, o trabalho foi retomado pelo LIOP (Laboratório de Informação e Orientação Profissional), sob orientação da Profa. Dra. Dulce Helena Penna Soares que, juntamente com seus alunos, recriaram o Programa, sob o nome de Aposent-Ação, em 2006. Associaram o termo aposentadoria com ação, significando que esta fase da vida pode mobilizar a pessoa para atividades não desenvolvidas no seu período de trabalho produtivo, ou seja, este é um momento de concretizar sonhos e desejos muitas vezes deixados de lado, em função das exigências do trabalho regrado e da consequente falta de tempo para tais realizações.

O Aposent-Ação, no começo, assim como o PPA/UFSC inicial, foi dirigido apenas ao público interno da UFSC (aposentandos e recém-aposentados). Entretanto, após o interesse de diversos canais de comunicação por sua divulgação, o Programa teve ampla repercussão por parte das organizações, o que evidenciou uma demanda por esse tipo de trabalho. Com vistas à manutenção do Programa, foi transformado em projeto de extensão universitária e tem sido oferecido à população da região da Grande Florianópolis gratuitamente.

O Programa acumulou o envolvimento de dezenas de alunos e a participação de centenas de servidores (em sua maioria, hoje já efetivamente aposentados), de profissionais de áreas diversas, de servidores técnico-administrativos e docentes da UFSC.

A qualificação de agentes de orientação para aposentadoria tem sido nossa preocupação. Por isso a publicação deste livro, com o objetivo de lançar as bases de um trabalho de orientação para aposentadoria nas organizações de trabalho em uma perspectiva de intervenção integrada para o pós-carreira.

O leitor deve permanecer atento ao fato de que o Programa não pretende ter um caráter terapêutico, nem se constitui em alguma forma de terapia grupal, estando próximo ou no contexto dos procedimentos de desenvolvimento pessoal e profissional, frequentes nas organizações de trabalho. Contudo, não é incomum, como também ocorre em outros programas de desenvolvimento, necessitar-se encaminhar alguns participantes para um acompanhamento psicológico.

Outra observação essencial diz respeito ao momento da carreira em que os participantes comparecem ao Programa. Sabe-se que o ideal no planejamento de carreira é hoje tratado como planejamento de vida. Ou seja, prestar assistência ao trabalhador durante todo período funcional, no projeto e na construção da vida que deseja viver. Deslocar as atividades do Programa para o contexto do planejamento de vida reduz estigmas frequentemente associados ao "comparecimento aos encontros de preparação para aposentadoria".

Estamos cientes da necessidade de ampliar o período de atendimento, tanto anterior como posterior ao ato da aposentadoria. Quanto mais cedo se inicia a preparação e quanto mais tempo puder ser dedicado ao acompanhamento, melhor. Contudo, a realidade ainda nos restringe a oferecer auxílios como expressão de suporte para as transições que as pessoas enfrentam ao deixar o local de trabalho nos meses próximos ao desligamento.

Os autores colocam-se plenamente à disposição das pessoas que desejam trocar informações, fazer comentários e sugestões.

José Carlos Zanelli
jczanelli@terra.com.br

Narbal Silva
narbal.silva@globo.com

Dulce Helena Penna Soares
dulcepenna@terra.com.br

Parte I
O TRABALHO E A APOSENTADORIA

São apresentados, nesta parte, alguns significados atribuídos ao trabalho, enquanto categoria conceitual ou perceptiva, e suas decorrentes vinculações à noção que se difunde de aposentadoria. Discutimos a importância da orientação como oportunidade de reflexão e elaborações cognitivo-afetivas antecipatórias da fase de transição. A relação de ajuda que estabelecemos no processo de orientação é centralizada incessantemente pela construção de projetos de vida no pós-carreira. Além disso, esclarecemos as bases conceituais que têm servido de apoio ao nosso trabalho e finalizamos com o registro de aprendizagens e interpretações que foram possíveis durante quase duas décadas de realização do Programa.

1
SIGNIFICADOS DO TRABALHO

A palavra trabalho, em sua origem, como é bastante conhecida, está relacionada a alguma forma de tortura, sofrimento ou esforço doloroso. Assim interpretada, para muitos, tem o significado de um pesado fardo, que nos impede de viver. Esse tipo de conotação conferida ao trabalho está associado à compreensão da atividade laborativa como fonte de alienação econômica, política e de aflição para aqueles que a realizam. Tal concepção se relaciona ao trabalho como fonte de exploração e de deterioração da qualidade de vida do ser humano, ao despender esforço físico e psíquico que resulta em desgastes e significados pouco relevantes (Zanelli, Cazaretta, García, Lipp e Chambel, 2010). O rebaixamento dos padrões de qualidade de vida no trabalho, entre outros fatores decorrentes, implica sofrimento, que pode ser compreendido como o tédio experimentado em situações que resultam na sensação de cansaço, desânimo e descontentamento dos seres humanos com os trabalhos que realizam (Mendes e Tamayo, 2001).

De uma maneira ampla, o trabalho pode ser compreendido como todo esforço do ser humano, físico ou psíquico, ao intervir em seu ambiente com a finalidade de transformar, incluindo atividades como lazer e outras de natureza não remunerada. É por meio do trabalho que o ser humano medeia sua relação com a natureza, transformando-a e sendo transformado por ela (Bordenave, 1999). O trabalho, sem dúvida, é o fator primordial nas organizações e na sociedade. Como tal, consiste de um esforço planejado – ainda que nem sempre formal e sistemático – dirigido, de algum modo, à transformação da natureza. Para tanto, sincronia de esforços e coesão de objetivos específicos são imprescindíveis para atingir o objetivo maior – com frequência reduzido apenas à lucratividade ou obtenção de resultados de curto prazo. Passou a representar, desde o surgimento do capitalismo manufatureiro, o modo de produzir os bens de consumo e os serviços necessários à sobrevivência. Para o trabalhador, tornou-se o meio de ganhar um salário e a base da construção de sua identidade.

As transformações recentes no mundo laboral (intensificação do desenvolvimento do conhecimento aliado ao desemprego tecnológico e estrutural) acentuaram, sobretudo nas duas últimas décadas, a retirada dos trabalhadores das atividades formais de trabalho de grandes contingentes de pessoas no serviço público e na esfera privada, em virtude da ausência de ocupação ou aposentadoria. Preocupações com as consequências psicossociais do fenômeno da aposentadoria têm norteado as atividades e reflexões aqui relatadas.

Na sociedade ocidental em que vivemos, centrada no mercado e orientada por relações típicas de conveniência (Ramos, 1989), o trabalho está associado ao conceito de atividade remunerada, geralmente realizada sob a denominação de emprego, em contextos burocratizados, repletos de normas e rotinas, em evidentes incompatibilidades com a vida familiar e social das pessoas. Tal concepção endereça de modo predominante a ideia de trabalho produzido por meio de relações orientadas pelo comprometimento do tipo instrumental. Nesta perspectiva prevalece a percepção do trabalhador das perdas materiais que terá, caso opte por se desligar da organização onde trabalha (Zanelli e Silva, 2008).

Os motivos que mobilizam os seres humanos para o trabalho se encontram vinculados à função denominada expressiva – ter um trabalho interessante, fonte de autoestima e autorrealizador – concomitante com a função econômica, por meio de a contrapartida econômica prover necessidades fisiológicas e de segurança (Maslow, 2000). Entretanto, nas sociedades atuais, em qualquer parte do mundo, as oportunidades de um trabalho significativo e motivador parecem tornar-se cada vez menos possíveis. Ao mesmo tempo, intensificam-se, em compensação, exigências cada vez mais altas para os trabalhadores, paralelas ao aumento dos índices de desemprego (Muchinsky, 2004). Paradoxalmente, também é possível observar, desde a década de 1990, um crescente desejo de autonomia e de envolvimento dos trabalhadores nas decisões que os afetam direta ou indiretamente.

As relações de poder estão se alterando não só no topo da hierarquia organizacional. O chefe do escritório e o supervisor de "chão de fábrica" estão descobrindo que os trabalhadores já não aceitam mais ordens "cegamente". Cada vez mais eles fazem perguntas e exigem respostas (Toffler, 1990). Seguindo essa tendência, a de deslocamentos de poder cada vez mais intensos nas interações sociais da modernidade, até as crianças retrucam com veemência os "nãos" que ouvem, respondendo-os do seguinte modo: "Por que não?! Não é resposta!". Por meio disso, reivindicam com frequência argumentos que justifiquem de modo consistente as frustrações que lhes são impostas no cotidiano.

Em que pesem as mazelas e metamorfoses processadas na atualidade, o trabalho ocupa um inegável e largo espaço na constituição da existência humana. Insere-se entre as atividades mais importantes, constituindo fonte relevante de significados na constituição da vida humana associada. A ocupação de um ser humano, expressa por meio de suas atividades diárias, ao satisfazerem suas necessidades básicas e motivacionais, compõe elemento central do seu autoconceito, que se torna vital à construção de sua autoestima (Zanelli e Silva, 2008).

Na perspectiva social, o trabalho é o principal ordenador da vida humana associada. Regras, horários, atividades e interações sociais são dispostas conforme as exigências que as tarefas impõem. Tais características, se por um lado, contemplam a peculiaridade humana de busca por ordem, consistência e previsibilidade, por outro, ao estabelecerem sincronicidade e um ritmo frenético de vida no trabalho, dispõem às pessoas tempo físico e psíquico restrito para que possam pensar e aprimorar suas vidas pessoais (Senge, 1999).

Em razão da importância da presença física e psicossocial do trabalho na vida das pessoas, ao perderem o emprego, muitas ficam desorientadas, deprimidas, desestruturam-se emocionalmente, sentem-se inúteis e com a percepção, aliada a sentimentos, de que não têm contribuições úteis que possam dar. Como consequência, buscam em outras situações formas compensatórias ou refúgios, como é o caso do uso abusivo do álcool e de outras drogas, percebidas como modos de atenuar os efeitos das "dores existenciais" às quais se encontram submetidas. Isso se deve ao fato de que as pessoas, em geral, passam significativa parte ou a totalidade de suas vidas atuando de algum modo em organizações. Nelas, a instituição trabalho constitui fenômeno central e inevitável. Portanto, nascemos, crescemos e morremos dentro das organizações de trabalho. E é difícil imaginar algum tipo de vácuo social existente entre elas (Hall, 2004). As sociedades humanas se organizam em função do trabalho.

O trabalho é um núcleo definidor do sentido da existência humana. Toda a nossa vida é baseada no trabalho. Os processos de socialização primária e secundária nos preparam para isto, mesmo quando ainda não entendemos de modo mais preciso tais significados. A construção do amadurecimento do ser humano, portanto, constitui processo relativamente longo, que percorre a infância, a adolescência, a fase adulta e a terceira idade. Acentuadas relações de dependência são características dos humanos ao nascerem, principalmente em seus primeiros anos de vida. A maturidade, espera-se, deve se acentuar e se vincular, via de regra, à inserção do ser humano no mundo do trabalho.

É por meio do trabalho assalariado que as pessoas, em expressiva parcela, buscam o atendimento de suas necessidades e alcance de autonomia. Contudo, as relações de produção se caracterizam pelo estabelecimento de outra forma de dependência: a organização dispõe da força de trabalho e, quase sempre, retribui parcimoniosamente. Neste caso, quando os geridos entregam sua força de trabalho, e por isso são remunerados pelos gestores, o comprometimento que se põe em evidência é restrito e se caracteriza como do tipo instrumental, como decorrência de uma relação do tipo racional-econômica (Meyer e Allen, 1997; Schein, 1982).

A busca da sobrevivência e construção da autoestima e da autorrealização contrapõem-se aos sentimentos de pouca utilidade do trabalho realizado e restrita expressão da potencialidade que existe em cada um. Assim, as demandas organizacionais, junto com as necessidades e expectativas individuais, não raro, descompensam algo implícito na relação: as necessidades e as expectativas do ser humano ficam em parte ou no todo frustradas. São estabelecidas situações de rupturas dos contratos psicológicos, o que significa o rebaixamento da reciprocidade de necessidades e expectativas dos gestores e demais trabalhadores, com evidentes decorrências na motivação e comprometimento de ambos (Rousseau, 1995).

As ações do trabalhador são influenciadas pela formação que o diferencia como ser único, ao nível dos conteúdos subjetivos e da herança genética, e pelos fatores do ambiente externo. Sua satisfação depende intrinsecamente do modo como percebe as condições circundantes e como associam-se às suas expectativas. Em outras palavras, o trabalho que executa e o ambiente onde estão inseridas as atividades devem ser dotados de sentido ou significado consistente com o conjunto de valores que é peculiar àquele trabalhador. Desse modo, constrói-se alinhamento entre valores pessoais, de trabalho e organizacionais (Teixeira e Pereira, 2008).

Afirmamos no início do presente capítulo que o trabalho pode ser visto como todo esforço empreendido com certa finalidade. Atividades que são de algum modo impostas para trabalhadores que não conseguem perceber a finalidade delas ou, como acontece em situações extremas, com o propósito de tortura, como nas situações em que atividades percebidas sem significado são feitas e invariavelmente desfeitas, põem em risco a sanidade mental dos seres humanos. Nessas condições, os trabalhadores se encontram alienados, não percebendo a existência das múltiplas relações existentes entre as entregas da sua força de trabalho e as consequências geradas nos serviços prestados ou produtos feitos (Morin, Tonelli e Pliopas, 2007).

As organizações são reconhecidas ao longo da história como ambientes de sofrimento físico e psíquico e de desconforto. Interpretamos que o trabalho, conforme prescrito, distancia os objetivos pessoais dos interesses organizacionais. As múltiplas potencialidades humanas são relegadas, seja na dimensão física, intelectual, emocional ou espiritual. Em circunstâncias como essas, o que caracteriza uma organização não humanizada e o desenvolvimento de competências técnicas e humanas relevantes tendem a ficar em segundo plano (Vergara e Branco, 2001).

Não são poucas as pessoas tratadas como seres humanos imaturos nos seus ambientes de trabalho. A predominância de valores burocráticos ou piramidais produz relações fracas, superficiais e não confiáveis. Ao considerarmos que essas relações não facilitam a expressão natural e livre de sentimentos, tornam-se falsas e dissimuladas, reduzindo sobremaneira a competência interpessoal. A ausência de competência humana, aliada a um contexto físico e psíquico doentios, transforma as organizações em contextos propícios para a construção de desconfiança e de conflitos interpessoais destrutivos (Argyris, 1969).

Se, para a sobrevivência, o trabalho deveria satisfazer pelo menos as necessidades básicas diárias, na perspectiva psicológica é uma categoria central no desenvolvimento do autoconceito e uma fonte importante de autoestima. É a atividade fundamental para o desenvolvimento do ser humano. Estabelece suas aspirações e seu estilo de vida. Em suma, é um forte componente na construção da pessoa que convive bem consigo mesma, acredita e orgulha-se de si. Em virtude disso, muitos problemas humanos derivados da aposentadoria têm origem na súbita perda de identidade que acompanha o término do ciclo formal da vida profissional. A explicação para tal está no fato de que nossa autoimagem ocupacional é uma parte essencial de nossa autoimagem total. Para muitas pessoas, é a parte mais relevante (Schein, 1982, 1996).

As estruturas sociais e as relações construídas, de um ponto tão longínquo quanto possamos imaginar a história da humanidade, são marcadas pelas atividades produtivas. No período mais recente, a Revolução Industrial acentuou tendências que trazem consigo sérias implicações, como a fragmentação e a repetitividade das tarefas, a concentração urbana, a destruição dos recursos naturais – características que, para alguns, são compensadas pelo impulso dado ao desenvolvimento científico e tecnológico e outras coisas que abrigam sob o rótulo de "progresso". No padrão de consumo orientado pela lógica dominante reside o pressuposto de que os recursos naturais são infinitos, o que tem levado ao esgotamento de muitos deles, por exemplo, água e solo, e à insustentabilidade desse tipo de relação com a natureza. Ao que tudo indica, não é só o modelo de consumo daqueles que podem consumir que se está demonstrando insustentável. Também o é um sistema econômico que não leva em conta as pessoas (Forrester, 1997; Schumacher, 1983).

No processo produtivo, em que o ser humano transforma e é transformado, o trabalho, como ação humanizada, impõe assimilações em aspectos fisiológicos, morais, sociais e econômicos. É elemento-chave na formação das coletividades e, portanto, dos valores que tais coletividades difundem. Os valores são crenças hierarquizadas sobre estilos de vida e formas de existência que orientam nossas atitudes e comportamentos (Ros, 2006). Valores são difundidos à nossa volta a todo instante. É o que ocorre, por exemplo, quando se vinculam atividades e o *status* ocupacional de um trabalhador. Como consequência, as pessoas que executam tarefas manuais ou operacionais, em múltiplas circunstâncias, tendem a ser desdenhadas. Já àquelas que planejam ou tomam as decisões são atribuídas melhores recompensas e considerações.

Existem trabalhadores pobres, pessoas cujo trabalho não proporciona renda suficiente para viver. Entretanto, há também trabalhadores que atuam no nível estratégico das organizações que ganham até 150 vezes mais do que os seus subalternos. Isso parece indicar que a distribuição da renda está fluindo para cima e não para baixo (Donkin, 2003).

Todo trabalho envolve, em alguns casos mais e em outros menos, esforços físico e intelectual. Privilegiar o trabalho que demanda maior esforço intelectual é, sem dúvida, um modo de favorecer interesses, desprezando a evidente indissociação do pensar e do fazer em qualquer atividade laborativa e suas consequências para a saúde mental do trabalhador. A dicotomia entre o pensar e o fazer, entre outras consequências, produz no trabalhador sentimentos de alienação (Vechio, 2008).

Cada mundo concreto do trabalho constitui um subsistema social específico, com seus interesses grupais, seus valores e seus princípios, suas normas e seu estilo peculiar. Tais características influenciam sobremaneira o fenômeno psicossocial da aposentadoria, conforme passaremos a discutir no capítulo que segue.

2
SIGNIFICADOS DA APOSENTADORIA

Revela-se oportuno, para a compreensão dos significados da aposentadoria e outros conceitos aqui apresentados, considerarmos as implicações da interação continuada das pessoas em seus contextos socioculturais.

Na síntese de Martin-Baró (1985), reforçada por muitos outros autores (entre eles: Borges e Albuquerque, 2004; Zanelli e Silva, 2008), a socialização é um processo de desenvolvimento histórico – seu caráter é definido pelas circunstâncias próprias de cada situação concreta. É um processo de desenvolvimento da identidade pessoal – o modo pelo qual o indivíduo vai se configurando como pessoa e firmando-se perante a sociedade como ser único. É um processo de desenvolvimento da identidade social – a existência de uma pessoa supõe necessariamente a existência de uma sociedade que a influenciou em sua formação. O que também significa que esta pessoa influenciará o contexto social onde vive ao longo da sua existência.

De um modo simples, a identidade pessoal diz respeito à percepção de si mesmo (quem sou e o que me diferencia). Diz-se que a identidade está enraizada em um mundo de significações e em uma rede social. É, portanto, de natureza social e se afirma nas relações interpessoais, o mundo de relações significativas. A identidade constitui a busca do entendimento do conceito de si mesmo, resultante de etapas sucessivas e históricas de construção psicológica. Caracteriza-se como um processo permanente, em construção, definido pela intermediação constante das identidades assumidas e das identidades desejadas (Dubar, 1996). Essa distância existente entre tais tipos de identidades é exatamente o espaço de conformação do eu, ou seja, da construção da identidade. É sob esse espaço que vão se processar as interações sociais e ocorrerá a participação dos outros considerados significativos na construção da própria identidade (Machado, 2003).

As matrizes ou esquemas perceptivos também são resultantes dos processos de socialização. Formam o filtro com que cada pessoa interpreta a realidade. Ou seja, consistem de processos pelos quais os seres humanos captam estímulos e interpretam significados ou sentidos. Referem-se às estruturas cognitivas e dinâmicas de conhecimento, incluindo os conceitos específicos, as entidades e os eventos utilizados pelos seres humanos para codificar e conferir representação à entrada de informações. São concebidos como teorias subjetivas derivadas das próprias experiências das pessoas sobre como a realidade social funciona, que guiam percepção, memória e inferências (Harris, 1984).

Na perspectiva psicológica, a percepção é um processo cognitivo de codificação. Na dimensão ideológica, os conteúdos da percepção revelam que o que é percebido representa os interesses de determinado grupo de um dado sistema social. Assim, a percepção de grupos pode ser entendida como a aplicação de categorias cognitivas permeadas pelos valores, assimilados no processo de socialização. A categorização dos grupos mais geral diferencia um endogrupo de um exogrupo. Ao longo da vida, o trabalhador percebe as pessoas aposentadas como um grupo "de fora". A elas são associados diversos estereótipos – por definição, categorias geralmente simplificadas e impregnadas de conteúdos pejorativos, que resultam de suposições orientadas pela inclusão de uma pessoa em determinado grupo (Vechio, 2008). Observe leitor como isso se aplica ao analisarmos a aposentadoria. Por exemplo: as crenças conscientes de que as pessoas aposentadas não são produtivas, e que, por isso, representam um fardo para suas famílias, constituem estereótipos que podem ser encontrados com relativa frequência na sociedade atual.

Um grupo humano é constituído por uma ou mais pessoas, que, para alcançarem seus propósitos, precisam interagir durante um período de tempo, para que possam obter o que desejam (Albuquerque e Puente-Palacios, 2004). Nos grupos de convívio no trabalho, é desejável que sejam estabelecidos mecanismos para que cada um de seus participantes se identifique com o grupo, de modo que possam ser reconhecidos como profissionais e como pessoas. A identidade de cada um é firmada quando corroborada por outras pessoas que configuram objetivos similares. Criam-se vínculos. Desenvolvem-se afetos. Vão sendo moldados hábitos e costumes peculiares ao grupo, que se diferencia e se torna único.

Quanto mais estreitas as relações e maior a satisfação pelo convívio com o grupo, somadas aos laços com o trabalho em si e projetos que se tenha, mais dificuldades pode-se ter no rompimento. É o que se vê acontecer tanto no desemprego como na aposentadoria. O motivo para isso, conforme pode ser visto no capítulo anterior, é que o trabalho ocupa um lugar proeminente na sociedade em que vivemos. Para a pergunta: "se você tivesse bastante dinheiro para viver o resto da sua vida confortavelmente sem trabalhar, o que você faria com relação ao seu trabalho?", que foi formulada em um estudo sobre a importância do trabalho na vida das pessoas, mais de 80% dos pesquisados responderam que continuariam trabalhando. As razões essenciais relatadas para prosseguirem trabalhando foram as seguintes: para se relacionar com outras pessoas, para ter o sentimento de vinculação, para ter algo que fazer, para evitar o tédio e para se ter um objetivo na vida (Morin, 2001). A interrupção do trabalho e a consequente perda dos vínculos sociais estabelecidos neste contexto podem resultar em prejuízos para a qualidade de vida do trabalhador, causando sentimentos de inutilidade, de solidão e de baixa autoestima (Magalhães, Krieger, Vivian, Straliotto, Marques e Euzeby, 2005).

A pesquisa coordenada por Zanelli (1994) e outras na nossa prática – não publicadas, por atenderem às necessidades específicas das organizações contratantes –, em anos posteriores, revelaram muitas incertezas expressas como a tônica das verbalizações relativas ao desejo de iniciar o processo que culmina com o desligamento na aposentadoria. A possibilidade de mudanças em aspectos normativos do sistema já se delineava e ainda, na atualidade, constitui fator de intranquilidade. As perspectivas de futuro, não raro, são permeadas por desinformação e resignação. Muitas vezes surgem, claros, os temores aos problemas e as ameaças que virão. Esperanças de mais qualidade nas relações familiares e conjugais, possibilidades de viagens e de lazer ou possibilidades de ganhos extra são entremeadas com o medo de instabilidade econômica, de doenças e da velhice. O desejo de realização pessoal representa uma visão de futuro a se tornar realidade quando advir a aposentadoria. Porém, quando esta chega, muitos aposentados ficam perplexos e frustrados, por se sentirem incapazes de gerir com qualidade suas vidas, sem uma ocupação profissional em uma organização formal. Em decorrência da falta de projetos a serem construídos e consolidados na aposentadoria, tornam-se angustiados, solitários e dominados por um vazio existencial (Bruns e Abreu,1997).

No modo de produção da sociedade na qual existimos, que, em geral, supervaloriza a produção e aliena o trabalhador do processo produtivo, a aposentadoria é geralmente experienciada como a perda do sentido da vida, configurada como uma espécie de morte social. Ao se valorizar apenas aqueles que produzem do ponto de vista racional e econômico, deprecia-se o ser humano aposentado (Santos, 1990). Em virtude disso, talvez a conjunção mais comum que se faz à aposentadoria seja a de velhice e morte. Observe-se que tais conteúdos não se manifestam necessariamente ao nível consciente. Ao contrário, são crenças que aparecem muitas vezes de maneira velada.

A família e a própria sociedade, em evidente mecanismo de negação, mantêm tabus em torno do tema envelhecimento e morte, como se tal não fosse a consequência natural de nascer, crescer e amadurecer (Moragas, 1991). Perpetuam-se expectativas que geram um circuito no qual o próprio idoso é influenciado e comporta-se "como todos esperam". Um aposentado, ao acreditar que não tem mais o que contribuir, pois agora se encontra na condição de inativo, tenderá a se comportar como tal, confirmando a expectativa social existente. Uma profecia autorrealizável é uma conjetura que, ao se tornar uma *crença*, produz a sua própria realização. Quando as pessoas esperam ou acreditam em algo, tendem a agir como se tal crença fosse real e assim contribuem para a sua realização. Ou seja, assumida como verdadeira

– embora possa ser falsa –, uma antevisão pode influenciar o comportamento das pessoas, contribuindo, deste modo, para tornar a profecia real (Merton, 1970).

    A assunção da aposentadoria como inatividade exacerba os limites naturais da evolução física e orgânica. Se a capacidade física decresce, estratégias de manutenção da saúde devem ser procuradas. A perda da força muscular, da mobilidade e da resistência orgânica, em geral imputada ao envelhecimento é, em grande parte, consequência da falta do hábito de realizar uma atividade física de modo contínuo, orientada por um profissional especializado (Nahas, 2003). As possibilidades de desempenho também são proporcionais à disposição de ampliar repertórios que sejam compatíveis com cada um. Isso pode significar a necessidade de redirecionar a vida, definindo o que se quer ser, fazer e ter (Ventura et al., 1993). O problema fundamental não está na falta de tempo, mas na falta de flexibilidade do tempo. Embora todos possam estar muito ocupados, o desafio fundamental está em desenvolver a competência de se priorizar o próprio tempo, conforme o que de fato importa (Senge, 1999).

    A ideia propagada a respeito do tempo que se dispõe na aposentadoria está ligada ao ócio, ao "não fazer", ao "deixar a vida correr". O sentimento que é contraposto ao direito de aproveitar o tempo é o da inutilidade. Revela-se, então, toda positividade que é colocada no ato de trabalhar, mais ou menos intensa conforme o contexto cultural, classe social ou religião a que se filia a pessoa. Constitui pressuposto cultural profundo e que inibe a aprendizagem transformadora nas organizações da sociedade ocidental, "a ideia de que a folga é inaceitável". O que significa a existência da expectativa social de que as pessoas estejam ocupadas o tempo todo (Schein, 1994).

    A cultura de grande parte dos segmentos sociais coloca as atividades ou o tempo fora do trabalho como pouco prioritário ou mesmo indesejável. Em muitas regiões, a pouca atenção que se dá ao lazer evidencia-se na quase ausência de praças e outros locais para atividades recreativas e comunitárias. Vale ainda notar que até mesmo os momentos de prazer são controlados pela organização do trabalho. O tempo que nos rege é o cronômetro do trabalho. Para dar conta disso, a análise do trabalho e o estudo dos tempos e movimentos, conforme os pressupostos tayloristas, objetivam a exclusão de movimentos inúteis, para que o trabalhador execute de modo simples e rápido a sua função, estabelecendo um tempo médio, a fim de que suas atividades possam ser realizadas no menor tempo, com qualidade e produtividade (Pinto, 2007).

    Dentre os sinônimos possíveis que os dicionários registram para o verbo "aposentar" no presente contexto, o que mais estarrece é "pôr de parte, de lado". O que é posto de parte, de lado? Aquilo que já não presta ou que perdeu utilidade. Aposentar também pode ser interpretado como "recolher-se aos aposentos". Novamente, a imagem é de reclusão ou retirada (*to retire*, em inglês). Em um sentido de auxílio ou socorro, aparece "abrigar, agasalhar, acolher". (Ferreira, 2004). Uma imagem que pode ser associada a uma das representações sociais da aposentadoria é a dos elefantes ao envelhecerem. Retiram-se do bando ou são retirados pelos demais, os últimos dentes caem, eles não conseguem comer e morrem de fome (Moore, 2007).

Não é sem razão que a categoria dos aposentados é denominada nos registros formais de "inativa". O que significa não estar em atividade, não manifestar qualquer tipo de ação, inoperante ou não funcionando. Sentido oposto a mobilidade ou movimento, o que constitui a essência da própria vida. O recado transmitido equivale a: se você não mais trabalha, deixa de ser e de ter importância. Ou seja, se sou o que faço, se não faço mais, quem eu sou? Em decorrência, a barreira que se ergue objetiva-se na dificuldade em participar das atividades consideradas "úteis". A introjeção consequente é o servir para atividades "fúteis", destituídas de valor social e a conformidade na busca de auxílios. Tais aspectos podem ser melhor explicados por meio da compreensão de dois pontos essenciais e inerentes ao conceito de aposentadoria: a inatividade após um tempo de serviço e a remuneração por essa inatividade. Esses fatores são imprescindíveis para a compreensão das consequências advindas nas vidas das pessoas que se aposentam, pois a aposentadoria requer um modelo mental "que a maior parte das pessoas não possui, e isso porque a cessação da atividade profissional constitui uma exclusão do mundo produtivo, que é a base da sociedade moderna" (Rodrigues, 2000, p. 27).

A concepção de trabalho produtivo que está por trás do que descrevemos nos parágrafos anteriores segue a lógica do capital. Não basta satisfazer necessidades humanas por meio de produtos ou serviços. O trabalho só é considerado produtivo quando gera valor que supera o que foi gasto. Ou, simplesmente, produtivo é o que dá lucro ou produz mais valia. No capitalismo, a ampliação da taxa de lucro pode ocorrer por meio de duas estratégias fundamentais. A primeira, ao estender a duração da jornada de trabalho mantendo o salário constante (mais-valia absoluta). É o que via de regra ocorre quando o trabalho passa a ocupar largos espaços da vida pessoal, conforme descrito e discutido no Capítulo 3 deste livro. A segunda, ao ampliar a produtividade física do trabalho pela via da mecanização ou automatização (recomposição estrutural e processual por meio da intensificação tecnológica, o que é denominado de mais-valia relativa). Nesta perspectiva, as taxas de lucro podem ser aumentadas independente do custo referente ao dispêndio da força de trabalho e utilização de outros insumos (Rosdolsky, 2001).

O "descarte da laranja" ou o que ficou conhecido como um "papel sem papel" significa, para o descartado, a perda da posição, dos amigos, do núcleo de referência, a transformação dos valores, das normas e das rotinas, e a submissão a condições que agridem a autoestima e a imagem de si mesmo. Em outras palavras, coloca-se em cheque a identidade pessoal e ocupacional do trabalhador. A ruptura abrupta e despreparada com o mundo do trabalho pode produzir sentimentos de perda e desamparo no trabalhador, repercutindo em sequelas na identidade de diferentes pessoas, contribuindo para a deterioração de suas personalidades (Enriquez, 1999). Ao não serem devidamente elaborados, tais sentimentos adquirem propensão de causar desequilíbrio nas instâncias pessoal, familiar e social dos seres humanos.

O rompimento das relações de trabalho tem impacto indiscutível, ainda que varie de pessoa para pessoa, no contexto global de vida. A aposentadoria implica bem mais que um simples término de carreira. A interrupção de atividades praticadas durante muitos anos, o rompimento dos vínculos e a troca dos hábitos cotidianos representam imposições de mudança no mundo pessoal e social. Quando as relações de trabalho são compostas de modo que o trabalhador se aproprie do processo de criação, ele se sente valorizado, desenvolve a autonomia e a consciência de cidadania. Ou seja, humaniza-se por meio do que é feito. Por outro lado, quando as relações de trabalho são construídas com base na mecanização do fazer humano, e não do seu pensar e participação ativa, aloja-se um processo de coisificação, no qual o trabalhador se sente depreciado, inerte, vendo-se como ator social de segunda categoria. Portanto, o trabalho, como a atividade desenvolvida por meio e no contexto das interações humanas, constitui determinante essencial da formação da identidade pessoal, ocupacional e social do ser humano, bem como de sua autoestima e consciência de dignidade (Aranha, 2003).

O entendimento que temos de carreira é que esta é constituída de várias e significativas unidades ou fases, reconhecidas pelo trabalhador e pela sociedade. A aposentadoria constitui a última etapa da carreira e significa o seu encerramento (Schein, 1978). Stucchi (1994) refere-se à aposentadoria como a nova etapa na carreira e Bernhoeft (1991), como pós-carreira, orientado pela compreensão que, na atualidade e no futuro, cada vez mais, a aposentadoria deverá integrar o conjunto de políticas das corporações (Bernhoeft, 2009). Esteja ou não orientado para a sua aposentadoria, o trabalhador busca formas adaptativas para conviver nesta nova etapa de sua vida. O que ocorre com a autoimagem nesta etapa varia de pessoa par pessoa. Alguns se aposentam precocemente, porque a ocupação os motiva a fazê-lo (por exemplo, militares e atletas profissionais) ou porque querem e apresentam as competências necessárias para iniciar outras carreiras. Para outros trabalhadores, a aposentadoria pode ter conotação traumática, resultando em prejuízos para a saúde física e psíquica, podendo até ser determinante da morte precoce (Schein, 1996).

O ideal no planejamento de carreira é colocá-lo no contexto integrado do planejamento de vida. Planejar é essencial, sobretudo quando o que está em jogo é a relação entre vida pessoal e carreira. Contudo, há os que creem que planejar implica pôr uma camisa de força na vida. Os que compreendem desta forma têm uma visão negativa do que significa planejamento de vida e carreira. Planejar significa pensar antecipadamente os passos a serem dados mas, é claro, sempre com a possibilidade de refazer trajetórias ou redirecionamentos. Nesta ótica, pode-se auxiliar o trabalhador durante todo o seu período funcional. Contudo, a prática comum nas organizações quase sempre se restringe, no máximo, a um programa nos meses próximos ao desligamento.

São raros, para não dizer inexistentes, os espaços de orientação para aposentadoria nas organizações dentro de uma perspectiva longitudinal. O discurso de que a aposentadoria deve ser pensada desde os primeiros dias dos trabalhadores nas organizações ainda é caracterizado muito mais como um ideal a ser conquistado por gestores e geridos do que efetivamente expresso em políticas e práticas organizacionais direcionadas à gestão de pessoas. É mais um paradoxo organizacional. Ou seja, a existência de discursos e práticas incoerentes nas organizações, que geram consequências indesejadas para os resultados organizacionais, bem como para as pessoas que nelas atuam (Vasconcelos, Mascarenhas e Vasconcelos, 2004).

Requerer a aposentadoria oficial e encerrar uma carreira formal implica escolher alternativas. Como aposentado, é inevitável pensar e decidir sobre uma segunda carreira, que pode ocorrer por meio da escolha de um trabalho autônomo ou de atividades realizadas na mesma organização de modo voluntário, por exemplo, ou em outras. Tais atividades podem ser as mesmas realizadas até então ou de outros tipos. Além dessas, também se torna viável a dedicação a tarefas filantrópicas orientadas para a responsabilidade social ou preservação do meio ambiente, práticas de lazer, cuidados com a casa e família ou outras atividades. De qualquer modo, a inclusão em novos grupos sociais tem decorrências para a identidade pessoal e requer necessárias adaptações a uma nova realidade psicossocial. Para Deps (1994, p. 5), a aposentadoria ocasiona "afastamento e redimensionamento da natureza interpessoal, bem como novas formas de ocupação do tempo, e consequentemente, novos comportamentos e novas autopercepções". Em que pesem os registros da falta de preparação e as características evidentes de transição que esta fase da vida apresenta (Vries, 2003; Emiliani, 2009), a aposentadoria é mais um dentre muitos outros momentos de transição (Savishinsky, 2002; Sheehy, 1988), como, por exemplo, da adolescência para se tornar adulto, de solteiro para a condição de casado, da conclusão de um curso universitário para atuar no mundo do trabalho, entre outros.

Como um momento de transição, a aposentadoria pode oferecer oportunidades para o desenvolvimento pessoal, quando são possíveis as descobertas de potencialidades, fontes de prazer, maturidade e crescimento, ou pode constituir um ciclo de desequilíbrios e infortúnios. Assumir a condição de aposentado de forma brusca, sem uma reflexão e orientação prévia, potencializa a ocorrência de problemas no reposicionamento na estrutura social e consequentes implicações nos planos da vida pessoal. O bem-estar ou a felicidade decorre da satisfação sentida com o que se faz e onde se está. Isso também está relacionado à crença de que o comportamento está sujeito ao controle próprio ou domínio dos projetos de futuro (*locus* de controle interno) ou ao controle externo (*locus* de controle externo). Implica acreditar que as consequências geradas pelos comportamentos de alguém resultam de seus esforços pessoais e competências contrapostos à sorte ou oportunidades dadas por outros (O'Brien, 1984).

A aposentadoria não pode ser considerada um simples término de carreira. Embora varie de pessoa para pessoa, a interrupção de atividades praticadas durante muitos anos em um determinado contexto, o rompimento dos vínculos e a troca dos hábitos cotidianos representam imposições de mudança no mundo pessoal e social. Modificam-se o ritmo de vida e aspectos, pelo menos, do papel profissional. Conforme menciona Santos (1990), o papel profissional, que servia de máscara principal para as outras esferas da vida, também será restabelecido. É um momento em que a pessoa defronta-se consigo mesma. O desafio é descobrir, aceitar e assumir novas atividades e novos significados para a vida.

Acreditamos que a transição que ocorre na aposentadoria pode ser em muito facilitada quando são promovidas situações ou vivências no contexto organizacional, enquanto a pessoa ainda executa suas atividades de trabalho. É possível orientar a pessoa para novas possibilidades de ação, que, é óbvio, não se esgotam com o fim de uma carreira. As condições físicas e psíquicas de vida, entendidas como adaptação saudável, e as experiências passadas, consignadas no repertório de cada um, podem e devem orientar as mudanças que se fazem necessárias.

Apesar das expectativas perversas embutidas em termos e ações aparentemente ingênuas, o mundo atual contrasta mudanças óbvias se comparadas com o mundo de um século atrás, quando se firmaram os direitos à aposentadoria. Hoje as pessoas, ao se aposentarem, às vezes nem mesmo incluem-se na terceira idade, período que, pelo aumento na expectativa de vida, parece mais postergado. Além de uma maior expectativa de vida, agora existem atividades possíveis de serem realizadas que jamais foram imaginadas em épocas passadas. Tanto que não é difícil imaginar mais de mil maneiras de desfrutar a aposentadoria (Zelinski, 2003).

O conjunto de eventos e significados que descrevemos impõe a responsabilidade de promover a orientação, preparação ou reflexão sobre as mudanças que se anunciam para o período da aposentadoria. Uma delas se refere à necessidade de pensar e alterar a relação entre dedicação ao trabalho e demais espaços da vida pessoal. É o que vamos examinar no capítulo que segue.

3
APOSENTADORIA E ESPAÇOS DA VIDA PESSOAL

Os espaços dedicados ao trabalho dentro da vida remetem às questões referentes ao equilíbrio existente entre o papel desempenhado pelo trabalho e os demais espaços da vida das pessoas. Esta relação incorpora horários, dias de trabalho, exigências da carreira, necessidades de viagem e a absorção regular ou não do tempo dedicado ao lazer e à vida familiar. Também se incluem nesta analogia as possibilidades de ascensão profissional que exijam mudanças geográficas frequentes (Walton, 1973).

O ritmo frenético de vida no trabalho imposto pela modernidade tem invariavelmente descompensado as relações entre trabalho e espaço de vida pessoal (Senge, 1999). As crescentes exigências de fazer mais com menos têm resultado em sobrecarga de trabalho para as pessoas nas organizações (Zanelli et al., 2010). Tudo isso tem proporcionado ao trabalhador que "pense" a realidade socialmente construída de sua organização, 24 horas por dia, ou quase isto. Nesse contexto, pensar em lazer, em cuidados com a saúde física ou psíquica, na família, em redes de apoio social ou em ações de responsabilidade social e ambiental tornou-se difícil, para não dizer impossível.

Quanto mais os ambientes de trabalho se encontram orientados por apelos de produtividade e de qualidade, na mesma ou maior proporção, são exigidos tempo e energia das pessoas que estão muito aquém daquilo que elas de fato podem dispor. Tal circunstância de vida no trabalho repercute na deterioração da saúde física e psicossocial do trabalhador, também em decorrência das complexas demandas requeridas pelas suas vidas privadas (Zanelli e Silva, 2008).

Quando as demandas da vida pessoal e no trabalho são construídas e mantidas como antagônicas, a tendência majoritária é a de que as pessoas optem pela restrição de suas necessidades e expectativas no âmbito de suas vidas pessoais. O resultado disso é dedicar menos tempo e energia à família, aos amigos, à comunidade e a si mesmo. Nesse caso, o trabalhador deixa de "se tornar presente" não só do ponto de vista físico, mas sobretudo do ponto de vista psíquico e espiritual (Lundin, Christensen e Paul, 2007). É "estar em casa", porém ausente.

Embora não seja comum, é possível compatibilizar demandas profissionais e pessoais, desde que existam nas organizações culturas e consequentes estruturas de apoio compatíveis, que verdadeiramente incentivem, e não punam as demandas por atenção a aspectos importantes da vida pessoal dos trabalhadores (Bailyn, 1999). Isso significa não considerar a vida pessoal como concorrente ou oposta à vida profissional, mas complementar. Um novo modelo de gestão possibilitaria o melhor aproveitamento de potencialidades, agregando para a organização competências que as pessoas possuem e que as motivam quando não estão trabalhando (Friedman, Christtensen e Degroot, 2001). Quando tal não é observado e priorizado, a ausência de equilíbrio entre vida pessoal e profissional traz a prevalência de dedicação física e mental ao labor. Quando da aposentadoria, tal situação torna explícita a produção histórica de um trabalhador que desaprendeu, nos planos cognitivo, afetivo e cultural, os modos considerados certos de como se comportar nos demais espaços da sua vida.

O momento da aposentadoria, período de reflexão e de redefinição de prioridades na vida pessoal, pode ser concebido como propício à elaboração do "ócio criativo". O que significa se dedicar ou desenvolver atividades consideradas agradáveis ou prazerosas, caracterizadas pela geração e aplicação de ideias inusitadas (Masi, 2000). O que pressuporia a intersecção entre três elementos fundamentais: o trabalho (esforço laborativo revestido de sentido para quem o realiza); estudo (posicionar-se de modo "aberto" para aprender continuamente ao longo da vida); e jogo (entremear nos dois anteriores espaços lúdicos de lazer, brincadeira e convivência saudável). Ao conectarem esses três elementos, as pessoas, por meio de suas ações nos contextos em que vivem, passam a exercitar o ócio criativo, balanceando o trabalho exercido com alegria e produtividade e o respeito à individualidade do ser humano, levando em conta suas necessidades e expectativas pessoais. Tais práticas poderiam se tornar contributivas para o aposentado, ao serem priorizados os seguintes aspectos:

1. Estruturação das atividades humanas de modo a estabelecer relações mais harmoniosas e equilibradas entre trabalho, aprendizado e diversão. É importante destacar que o fato de o aposentado encerrar formalmente sua vida laborativa em determinada organização por meio de um emprego, em geral remunerado, não significa o término total e definitivo de suas ações laborativas. Esforços físicos e psíquicos que visam transformar e mediar as relações entre os seres humanos, e destes com os contextos socioculturais onde habitam, independente de vínculos e níveis existenciais, permanecem ao longo da vida.

2. Valorização e enriquecimento do tempo livre, decorrente de alta disponibilidade financeira para alguns e redução do tempo demandado de trabalho para muitos. Nesta etapa da vida, o tempo livre amplia-se significativamente, para que, de modo efetivo, o aposentado possa realizar o que de fato deseja. Seja por meio do aumento da sua disponibilidade financeira ou pela redução drástica do tempo que até então dedicava largamente a um emprego formal.
3. Distribuição intencional do tempo entre atividades laborativas, saber e diversão, minimizando conflitos entre o aposentado e os demais considerados significativos para ele. A condição de estar aposentado pressupõe, em princípio, a possibilidade de exercitar de modo consciente, o livre arbítrio, de modo a compatibilizar atividades laborativas, momentos de aprendizado e de diversão, para que as pessoas, que de fato importam porque acrescentam, possam estabelecer com o aposentado uma convivência profícua e harmoniosa.
4. Valorização das necessidades fundamentais das pessoas, tais como o domínio pessoal, o convívio saudável, a amizade verdadeira, o amor sincero, a autorrealização e as atividades lúdicas. A aposentadoria, em decorrência das múltiplas características elencadas acima, é um momento propício para realizar mudanças pessoais profundas, que possam focar atenção efetiva para tudo aquilo que de fato importa ou é relevante. É um momento oportuno para resgatar aspectos simples e importantes da vida, mas que fazem diferença significativa para a busca da felicidade humana.

A condição de aposentado ou de estar vivenciando o momento da aposentadoria possibilita, em princípio, ao ser humano, refletir sobre as relações até então por ele estabelecidas, entre espaços de vida no trabalho e as demais instâncias da sua vida pessoal. O que não foi possível reconfigurar até então, principalmente, em razão da exacerbação das atividades laborativas no cotidiano das pessoas parece, nesta etapa da vida, pelo menos em potencial, angariar viabilidade. Por exemplo: a revisão da qualidade das nossas relações com a família e amigos, os nossos *hobbies* e interesses além do trabalho, o voluntariado na comunidade e o cultivo da nossa espiritualidade, entre outras possibilidades. As atividades que podem ser consideradas essenciais como o passeio de bicicleta com os filhos ou o cônjuge ou assistir a um filme com os amigos, adquirem possibilidade concreta nesta etapa da vida. Contudo, quando continuamos a adiar indefinidamente tais possibilidades, em que pese ampliar objetivamente o tempo cronológico para tal, adiamos muitas das nossas necessidades vitais, sacrificamos relações relevantes e a nossa própria felicidade. Um modo de romper com esse tipo de situação é refletir a respeito do que de fato é importante para si e dedicar seu tempo e disposição para aquilo que consideramos essencial.

Em uma perspectiva positiva, a aposentadoria representa maior disponibilidade de tempo físico e psíquico, para desfrutar de lazer ou realizar atividades que durante longo tempo foram adiadas ou estiveram adormecidas (Veras, Ramos e Kalache, 1987). Por exemplo: entendemos que, para homens e mulheres, a reinserção por meio da participação efetiva na rotina doméstica, dividindo algumas tarefas com o cônjuge, pode contribuir salutarmente para a reinserção no convívio do lar. A consequência disso pode ser que os aposentados se autopercebam como úteis e não incomodados com o "vazio existencial" proporcionado pela ruptura com o mundo do trabalho. Entretanto, também devemos considerar que o êxito desta relação dependerá sobremaneira do quanto todos os envolvidos no contexto familiar (filhos e cônjuge) estiverem devidamente orientados e, em decorrência, terem elaborado esta nova circunstância e momento de vida na família. Também por meio do convívio com amigos feitos durante os anos de trabalho, ou mesmo fora dele, agora com possibilidades de uma vivência mais intensa e contínua, torna-se viável para o aposentado a continuidade de preencher uma importante necessidade humana que é a de pertencer (Stephens, 2003). Isso porque cada um é o que é, ou somos o que somos, a partir das relações que estabelecemos com os outros (Rogers, 1991).

Outras possibilidades de ocupação de espaços de vida revestidas de significado na aposentadoria poderão ocorrer por meio da inserção do aposentado, a título colaborativo e espontâneo, em ações de responsabilidade social que visem contribuir para a diminuição de injustiças sociais. Uma alternativa não menos importante está na inclusão do aposentado em atividades cujo propósito seja o de colaborar com a preservação do meio ambiente. As ações de responsabilidade social e ambiental pressupõem que, de modo voluntário e espontâneo, as pessoas possam decidir contribuir efetivamente para tornar a sociedade mais justa e o meio ambiente mais saudável (Vergara, 2001). Tais atividades, consideradas emergentes e necessárias na atualidade (as injustiças sociais ainda são muitas e a sobrevivência do planeta está em risco), podem em muito contribuir para a ampliação da consciência social dos aposentados e da sua espiritualidade (consciência do propósito de vida e significado da existência).

Visto desta maneira, a aposentadoria deixa de ser compreendida como a mera perda da identidade ocupacional (Schein, 1996). Ao contrário, dependendo da interpretação que se dá e da representação social consequente, pode significar a redefinição cognitiva e afetiva do conceito "do que é estar aposentado". Tal reconsideração remete ao preenchimento do tempo livre por meio de convívios que promovam o bem-estar com a família e demais instâncias do convívio social. Um aspecto fundamental é de que, em todo o processo de redefinição e reinserção do aposentado em seus contextos significativos de vida, os hábitos e os costumes até então estabelecidos, e concebidos como saudáveis para a sua qualidade de vida, não sofram mudanças ou rupturas drásticas (Vitola, 2004).

Conforme preconizam Senge, Scharmer, Jaworski e Flowers (2007), a competência essencial demandada para que se possa construir o quadro de futuro que se deseja denomina-se de presença. Ou seja, nos tornarmos capazes de estarmos plenamente conscientes e atentos às circunstâncias dos momentos que vivemos. Em seguida, devemos também considerá-lo como expressão dos comportamentos de ouvir por meio de escuta ativa, de rejeitar preconceitos e modos históricos de conferir sentidos distorcidos à realidade que é socialmente construída. Com base nisso, criamos as condições necessárias para reconhecer a importância de desistir de conceitos ou símbolos com a função de expressar *status*, mas que, no entanto, são considerados ultrapassados ou obsoletos para exercer ou demonstrar poder. Ao contrário, a possibilidade que se abre é a de fazer escolhas que verdadeiramente sirvam para fomentar a evolução da vida.

No caso da aposentadoria, urge recuperar, sem preconceitos ou estereótipos, o verdadeiro significado do conceito, para as pessoas que se encontram neste momento ímpar das suas vidas e para a sociedade. Como resposta a tal desafio, propomos os programas de orientação de base reflexiva, cujo intuito é o de promover genuínas relações de ajuda, para que seus participantes sejam auxiliados a fazer as escolhas que de fato lhes interessam e motivam. É isso o que passaremos a discutir no próximo capítulo.

4

PREPARAÇÃO, ORIENTAÇÃO, REFLEXÃO OU RELAÇÃO DE AJUDA

Os programas focados na aposentadoria que têm sido desenvolvidos no Brasil e em outros países são dotados de características que os diferenciam entre si, em função do desenho que lhes é conferido por aqueles que são responsáveis pelo seu planejamento e execução. As razões fundamentais das diferenças são as necessidades e as expectativas dos participantes, a cultura corporativa e as respectivas peculiaridades das organizações onde os mesmos ocorrem, os limites e as possibilidades outorgadas pelos gestores e, por fim, os modelos mentais dos idealizadores destes programas, em especial, aos significados que atribuem ao momento da aposentadoria, ao fato de estar aposentado e à perspectiva de vida na aposentadoria. Ao considerarmos tais particularidades na formatação e execução do Programa, neste capítulo, identificaremos algumas possibilidades ou modelos conceituais de atuação. Também vamos explicitar a escolha por nós feita a respeito de como planejar, organizar e executar o Programa.

Apesar da relevância do fenômeno da aposentadoria para todos os segmentos humanos interessados (estudiosos e consultores, aposentados, gestores, famílias, amigos, etc.), estudos que versam sobre os programas de orientação ou preparação para aposentadoria, ou mesmo aqueles que tratam da temática mais ampla da aposentadoria, têm sido pouco frequentes na literatura no Brasil. Tal afirmação fundamenta-se em pesquisa realizada em base de dados eletrônica, com a combinação das palavras-chave: aposentadoria, preparação e psicologia. Inicialmente, com as palavras aposentadoria e preparação, por meio da busca, foram obtidos um total de somente dez resultados, sendo quatro pertinentes à temática do envelhecimento humano e seis endereçados à preparação para aposentadoria. A reunião das palavras aposentadoria e psicologia obtiveram como resultado um total de 44 estudos (dos quais quatro repetidos da primeira pesquisa), com temas predominantemente orientados para problemas referentes à saúde do idoso e envelhecimento (Soares, Costa, Rosa e Oliveira, 2007). Tal fato evidencia a necessidade premente de intensificar estudos a respeito do assunto em razão do progressivo envelhecimento populacional e da ampliação do número de requerimentos e de efetivações de aposentadorias no contexto atual.

A população idosa mundial tem crescido nas últimas três décadas. Já no início da década de 1990, Leite (1993) demonstrou que as transformações demográficas revelam um aumento da longevidade do brasileiro e anunciam um crescimento da população trabalhadora. Em 2006 estavam vivas cerca de 476 milhões de pessoas com 65 anos ou mais de idade (Lima-Costa, Matos e Camarano, 2006). No caso do Brasil, os censos demográficos de 1991 e 2000 indicam a redução da mortalidade e dos nascimentos, projetando o predomínio da população adulta e idosa para a próxima metade do século XXI (IBGE, 2008). O aumento da expectativa de vida da população, entre outros efeitos, tem produzido como consequência a ampliação do contingente de pessoas prestes a se aposentar ou já aposentadas. O que por sua vez tem requerido estudos e decorrentes aplicações por meio de espaços organizacionais, que privilegiem o "pensar" e o desencadear de ações endereçadas ao momento da aposentadoria e a condição de "estar aposentado".

Os programas de orientação ou preparação para aposentadoria tiveram origem nos Estados Unidos, a partir da década de 1950 (Salgado, 1980). No início, limitavam-se a prestar informações sobre o sistema de aposentadorias e pensões. Com o tempo, passaram a contemplar os vários aspectos que envolvem o afastamento das atividades formais de trabalho. No Brasil, estes programas ainda caracterizam-se como recentes (final da década de 1980). Têm como pioneiro o SESC de São Paulo, incorporando, além da perspectiva norte-americana, informações sobre a terceira idade, a respeito de recursos socioculturais e de possibilidades de serviços à comunidade, como o voluntariado, a partir da aposentadoria (Muniz, 1996). Distinguem-se por serem implantados e monitorados pelos órgãos de recursos humanos, na maior parte, em grandes empresas.

Embora alguns segmentos da literatura voltada para a administração e o discurso de muitos gestores enfatizem cada vez mais a importância do ser humano nos processos organizacionais, a realidade de muitas organizações em nosso contexto é bem diferente (Vasconcelos, 2004). Programas de orientação ou preparação para aposentadoria são considerados "um luxo". Assim, tratado tão somente como um recurso ou passivo, completa-se o ciclo e o empregado é descartado no fim da linha, às vezes, sem ao menos um aperto de mãos. Ninguém pode ficar surpreso com as consequências desse processo perverso e injusto. Exemplo disso é a vivência do trabalhador que, no dia seguinte à sua aposentadoria, necessita usar um crachá de visitante para adentrar as dependências da organização, na qual dedicou 30 ou mais anos da sua força de trabalho. Como consequência deste descaso, as pessoas não planejam suas vidas, deixando de estabelecer o que irão fazer ao se aposentarem. Entretanto, a ausência de planejamento poderá representar um fator de risco. Ao se preparar ou obter orientação para aposentadoria é preciso conhecer mais que as "circunstâncias concretas da nova situação e tomar consciência de como enfrentá-las" (Forteza, 1980, p. 111). É preciso compreender o processo da sociedade industrial em sua lógica alienante (Broner, 1997), questionar determinados valores e propor outros para a emancipação.

A organização tradicional molda os conhecimentos, as habilidades, as atitudes, as necessidades e até os desejos. De igual modo, ignora as necessidades, as expectativas, os projetos, os anseios e os temores. Acreditamos, contudo, em uma nova forma de conceber a organização, as pessoas que a compõem, os objetivos e a estrutura adotada. Incentivar a discussão de suposições tácitas, como os deveres da organização frente ao empregado que se aposenta, provoca uma transformação de valores ao nível gerencial e ramifica-se até atingir uma mudança maior do bem-estar daqueles que enfrentam a transição para aposentadoria.

Um programa de preparação para aposentadoria possui como pressuposto que os participantes precisam ser educados para este novo momento em suas vidas. Preparar significa planejar de antemão o caminho ou empreendimento de alguém. Também pode ser traduzido como educar, habilitar, premeditar ou aplanar o caminho visando construir o cidadão do futuro (Michaelis, 1998/2007). Aos nos referirmos à preparação para aposentadoria, compreendemos tal no sentido de tomada de consciência ou reflexão, que consiste na busca de novas áreas de interesse para o aposentado, incentivando-o à descoberta de potencialidades e prevenção de conflitos que possam emergir. Por fim, também agregamos o sentido de ensinar que as possibilidades de ação na vida não se esgotam com a consolidação da aposentadoria (Zanelli e Silva, 1996). Contudo, como podemos observar, a palavra preparação denota a ideia de ensinar ou mostrar um caminho que já se encontra, no todo, ou em seus aspectos fundamentais, previamente delineado. Também ao termo preparação, às vezes é atribuído um caráter coercitivo ou expulsivo, enquanto outras designações são aceitas mais favoravelmente. Preparação para aposentadoria, embora ainda seja a forma mais corrente, tem recebido outras denominações – por exemplo, orientação, reflexão ou relação de ajuda na aposentadoria. Entretanto, independente dos termos utilizados, a intenção sempre deve ser a de planejar a vida que segue, buscar novas áreas de interesse para a pessoa, incentivar a descoberta de potencialidades, o reconhecimento de limitações e prevenir conflitos emergentes.

Com base em experiências posteriores ao nosso trabalho inicial, que incluíram leituras, diálogos com especialistas, planejamento e participação em programas orientados para pessoas aposentadas ou em vias de se aposentar, progressivamente fomos reorientando nosso entendimento, de modo que migramos do conceito de preparação para a ideia de orientação. Quando nos reportamos ao conceito de orientação, compreendemos que, seja qual for a situação estabelecida, o orientador e os orientandos são igualmente responsáveis (copartícipes) pela construção do processo do qual fazem parte (Freitas, 2002). Devemos observar, contudo, que o êxito alcançado por meio dos resultados obtidos, dependerá fundamentalmente das condições e competências prévias de ambos, orientador e orientandos. Ao nos referirmos à orientação para aposentadoria, supomos que, em conjunto, orientador e orientandos possam diagnosticar a situação (o momento da aposentadoria) e construir os caminhos ou as soluções que julguem serem as mais apropriadas para a circunstância apresentada (Schein, 2008).

Admitimos, portanto, a existência de um orientador do processo de aposentadoria, dotado de competências técnicas e interpessoais condizentes para atuar junto às pessoas que se encontram no momento da aposentadoria (período cronológico de dois a cinco anos antecedente à aposentadoria – embora reconheçamos que, como já vimos, deveria começar no início da carreira), e que, por isso, se encontram na iminência de romper suas relações formais com o mundo do trabalho. O que esperamos é que o orientador atue como um facilitador do processo de aposentadoria por meio da construção de espaços que auxiliem a prática reflexiva dos participantes a respeito das relações que contribuíram para construir ao longo das suas vidas laborais. Também é relevante neste momento identificar as necessidades (o que precisam) e as expectativas (o que esperam) que produziram, e que os mobilizam na ocasião da aposentadoria. Com base nisso, o orientador deverá cooperar para que os aposentandos possam dar vazão às suas ideias a respeito dos seus projetos de vida na aposentadoria. Todo o processo de orientação deverá ocorrer a partir de uma base dialógica apreciativa e reflexiva, baseada na premissa de que a realidade é um fato a ser considerado e aprimorado. O foco está em priorizar as oportunidades que circundam os problemas (Schein, 2008), o que também pressupõe os participantes aprenderem com os conhecimentos e as experiências dos outros (Ellinor e Gerard, 1998). O propósito maior é o de endereçar os participantes à tomada de consciência por meio do aprendizado efetivo ou transformacional e, se for o caso, proporcionar a redefinição de suas vidas nos seus diferentes espaços de inserção. Como, por exemplo, na família, junto aos amigos, na comunidade, entre outros. Também incluímos nessa circunstância a elaboração de inquietações a respeito da saúde física e psíquica, religião, espiritualidade, política, dentre outras instituições que possam, de um modo direto ou indireto, impactar a vida do aposentando.

O processo de orientação, conforme o entendimento que temos, deve acontecer por meio do estabelecimento de relações genuínas de ajuda útil. Isso significa a ação de uma ou mais pessoas com competências condizentes para tal, orientando outras, para que possam resolver problemas, realizar algo ou tornar as situações que vivem mais agradáveis e produtivas. Significa também contribuir para que as pessoas encontrem por elas mesmas respostas para os seus problemas. Respostas que elas têm, mas que ainda não tomaram consciência disso. As pessoas ajudadas podem, em princípio, ser ou não capazes de resolver seus problemas. Mas receber ajuda implica que os seus dilemas ou dificuldades poderão ser superados de um modo mais efetivo. A relação de ajuda que aqui propomos fundamenta-se na ideia de "ajudar o outro a se ajudar". O que significa "não dar o peixe", mas "ensinar a pescar" (Schein, 2009a).

Esperamos que os vínculos estabelecidos entre os participantes do grupo, e destes com o coordenador, produzam um ambiente psíquico favorável ao processo de ajuda mútua. De modo que os participantes, por meio dos relatos de seus conhecimentos e experiências, possam contribuir para que os demais possam tomar decisões referentes aos seus momentos de aposentadoria. Nesta construção psicossocial, os participantes tendem a se sentir corresponsáveis pelo processo, o que inclui, entre outras aspirações, a busca de uma aposentadoria revestida de qualidade de vida física, psíquica e espiritual.

Ressalte-se, portanto, a importância de qualificar os agentes de orientação ou preparação para que compreendam, além do seu campo específico de conhecimento, conceitos como os de cultura, papel profissional, identidade, significados da aposentadoria, entre outros. Os profissionais envolvidos com a condução do programa devem saber como identificar as necessidades das pessoas que comporão o grupo de orientação, preparação, reflexão ou relação de ajuda. A adequada identificação de necessidades fornecerá elementos necessários para estruturar as atividades, assim como o treinamento e o desenvolvimento dos profissionais que conduzem o Programa, denominados de agentes de orientação ou preparação (Zanelli e Silva, 1996).

Como qualquer outro programa de desenvolvimento, deve-se atentar para as características do público-alvo e consequentes ações mais adequadas. Para tanto, informações referentes ao conjunto das atividades realizadas e demais informações relevantes da vida de cada um são recolhidas. A composição de um programa deve levar em conta a suscetibilidade de fatores como a capacidade pessoal de enfrentar problemas, as possibilidades que o ambiente proporciona para o crescimento individual, o restabelecimento da identidade pessoal, a reorganização temporal das atividades e a busca de novos objetivos para a vida (Santos, 1990; Emiliani, 2009; Snyder e Shane, 2009). Isso torna necessário um diagnóstico (França, 1992) ou pesquisa preliminar (Zanelli, 1994; Zanelli e Silva, 1996). Recomenda-se que se dê ampla divulgação da pesquisa preliminar em jornais internos e outros meios de comunicação, até mesmo externos, como forma de tornar o Programa conhecido para os possíveis interessados e de construir um ambiente psicossocial favorável.

Embora os aspectos econômicos e jurídico-legais da aposentadoria sejam muitas vezes referidos (a educação financeira e a orientação jurídica têm sido questões centrais), outras preocupações estão presentes na aproximação do evento e nas perspectivas que se abrem para este período da vida. Questões relativas à identidade, velhice e morte, ao relacionamento familiar, conjugal e sexual e outras, despontam velada ou explicitamente (Zanelli, 1994; Bruns e Abreu, 1997). Entre os autores que tratam dos componentes de um programa de orientação ou preparação para aposentadoria, recomenda-se que também sejam abordados os fatores relativos à saúde física e psíquica, espiritualidade, maturidade e equilíbrio pessoal, envolvimento com o trabalho, relações familiares e sociais, esporte e lazer, ou mais específicos, como a organização de pequenos negócios (empreendedorismo), dependendo dos interesses dos participantes. Esses assuntos são debatidos, na maioria dos programas hoje disponíveis, em diversos *sites* de consultorias, na forma de palestras informativas. As palestras, seguidas de reflexões e análises, buscam propiciar aos aposentados, de forma gradativa, a ampliação e segurança no domínio cognitivo.

As vivências grupais, desenvolvidas em estreita conexão com os temas abordados em cada encontro, possibilitam associar aos conceitos apresentados nas exposições a expressão dos sentimentos, necessidades, expectativas, ansiedades e temores. Por meio da construção de espaços vivenciais, criam-se as condições necessárias para a produção do diálogo reflexivo. São espaços que se reservam para a manifestação de conteúdos mais particulares de cada um (França, 1992, 2002, 2008). As trocas no interior do grupo constituem importantes elementos que corroboram o objetivo de gerar condições para o desenvolvimento pessoal. O Programa possui sobremaneira um caráter preventivo, que não deve ser comparado à terapia de grupo. Esta última visa atingir níveis mais profundos dos processos psicológicos (Castilho, 1992), enquanto o Programa estabelece uma oportunidade de reflexão, aprendizado e crescimento pessoal (Bernhoeft, 1991; França, 1992, 2002, 2008).

Pode-se dizer que a situação de pré-aposentadoria, como outras situações de transição na vida, é um forte elo de integração das pessoas que nela se encontram. Os receios são vivenciados dentro de certa circularidade e assemelham-se. Estratégias de compartilhamento e orientadas para a busca de novos projetos, inseridas na condução de grupos, denotam inegável contribuição para o crescimento de cada participante. A formação de grupos – no Programa, com a finalidade de desenvolvimento – atende às necessidades de associatividade própria do ser humano (Maslow, 2000). Predispõe sentimentos de identidade e preserva a autoestima. Estimula a união para superar problemas e reduz inseguranças e ansiedades. Favorece a discussão de aspectos da realidade e permite revisar conceitos. Enfim, serve como suporte para a obtenção de informações, amizade e afeto. A percepção das expectativas, temores e interesses em comum aos participantes, acaba gerando uma dinâmica característica do grupo. Estabelece-se a base para a reelaboração de valores, em um primeiro momento, e os novos projetos começam a surgir. A isso chamamos contexto de ressocialização.

O Programa faz parte de um processo que visa a ressocialização com base no respeito ao ser humano e consciência dos prejuízos que podem advir ao rompimento brusco das rotinas de trabalho. Para a organização, em seu nível gestor, pode significar o aprendizado de um novo e imprescindível padrão de relacionamento com as pessoas que ali trabalham. Para os empregados, significa a possibilidade de reconhecimento e alerta para problemas que a lógica do próprio sistema produtivo oculta.

Parte-se do princípio de que o planejamento é uma alternativa apropriada para reduzir a ansiedade que é comum ocorrer, mesmo quando as pessoas têm clareza das possíveis consequências da aposentadoria e esboçam planos para seus futuros (França, 1992, 2009). É claro, o planejamento pode ser feito de outros modos, mas os programas de orientação ou preparação constituem, por princípio, ações privilegiadas para tal. Contudo, sabe-se que, no geral, e não apenas no Brasil, uma ínfima parcela dos trabalhadores que se aposentam participam de programas de orientação ou preparação para aposentadoria. O fato de deixar o mundo do trabalho sem que ocorra qualquer tipo de planejamento ou elaboração por meio de orientações fundamentadas em relações de ajuda úteis, em geral, explicam as dúvidas e as angústias que os aposentandos experimentam nesta etapa das suas vidas. O trabalhador que passou parte expressiva da sua vida tendo o trabalho como prioritário deixou por muito tempo adormecidos outros espaços relevantes da sua vida pessoal. Tais aspectos são discutidos com maior profundidade no terceiro capítulo deste livro. Diante do dilema de natureza existencial, a possibilidade de receber ajuda por meio de orientação emancipatória, dialógica, apreciativa e reflexiva, faz-se necessária e é fundamental para a promoção da saúde física e psíquica do aposentado.

De um ponto de vista ético, impõe-se às organizações a responsabilidade de promover a orientação, preparação ou reflexão sobre as mudanças que se anunciam. A realização de programas que buscam preparar os participantes para reafirmar suas identidades, visando repensar concepções, tendo em vista o momento iminente de ruptura com as atividades ou contexto de trabalho em que vinham sendo desenvolvidas é imprescindível, pois leva as pessoas a alcançarem novas informações, percepções e sentimentos. Dentro dessa perspectiva, os programas de orientação para aposentadoria são de desenvolvimento pessoal. Possuem um caráter socializador, no sentido utilizado por Berger e Luckman (1985), ou, como utiliza Deps (1994), de socialização antecipatória. Visam operar disposições e comportamentos, por meio da reinterpretação de conceitos, valores e emoções. Antecipar, planejar, obter informações, avaliar possíveis mudanças que facilitam o desenvolvimento de estratégias de enfrentamento e, deste modo, podem reduzir eventos estressores (Zanelli, 2010).

Da meninice à velhice, a vida é contínua mudança. Cada etapa tem um conjunto de características, interesses, possibilidades e limitações próprias. As transições ou passagens das etapas podem ser vivenciadas como crises ou rupturas. A aposentadoria, em geral, vem permeada de conflitos, em função da centralidade do trabalho na constituição identitária dos trabalhadores, em especial, na sociedade como a nossa, que supervaloriza o ter e a produtividade. O ser humano aposentado pode ser visto como na contramão do projeto ideológico do sujeito trabalhador ao qual se condicionou durante a maior parte da vida (Soares, Costa, Rosa e Oliveira, 2007). Como consequência, dada a importância do trabalho, para a sociedade centrada no mercado e suas implicações para a identidade pessoal, a aposentadoria, principalmente se efetuada de modo abrupto, torna-se um momento fortemente propício a episódios amargos. Os relatos de incidência de separações conjugais, doenças severas e até suicídios nos primeiros anos ou meses de aposentadoria não são poucos. A inatividade e a falta de perspectivas na aposentadoria poderão resultar em sentimentos de ansiedade e depressão que prejudicam a saúde do indivíduo. São relativamente comuns os casos de doenças psicossomáticas adquiridas durante e após o processo da aposentadoria (França, 2002, 2009).

Constata-se que muitas pessoas, ao se aproximar o momento de efetivar a aposentadoria, têm pouca clareza de suas implicações. Agem até de maneira pueril, revelando, além da falta de esclarecimentos, nítidas resistências e ocultações para si mesmo. Outras exageram os sonhos e as idealizações, como próximas a um toque mágico. Ainda outras prenunciam claros temores e inquietações, muitas vezes também ultrapassando o real. Talvez os significados da aposentadoria possam ser representados pela analogia de um pêndulo. Oscila entre o sentido de prêmio e renovação e sentimentos de desesperança e fim (Zanelli e Silva, 1996). Tão variável entre as pessoas e, internamente, para cada um, quanto diferentes são os seres humanos. Contudo, muitas dúvidas que todos acabam tendo, pelo menos em algum momento e em algum grau, são previsíveis.

Se aceitamos que a pessoa é reconhecida socialmente pelas atividades que desempenha, o desligamento do trabalho, na transição da aposentadoria, afeta a identidade pessoal (França, 2002, 2009; Zanelli e Silva, 1996; Schein, 1982, 1996). Portanto, em tese, informar e clarificar as influências pelas quais passa ou passará tem implicações decisivas na adequação e ajuste individual. Em decorrência, tem-se o dever de facilitar a concepção de atividades alternativas ou, mais apropriadamente, repensar projetos de vida. O que significa ter ou adquirir recursos que possam contribuir para a construção do quadro de futuro desejado na aposentadoria.

A orientação ou preparação – no sentido de tomada de consciência, alguns preferem o termo reflexão ou relação de ajuda – consiste na busca de novas áreas de interesse para a pessoa, incentivando a descoberta de potencialidades e prevenindo conflitos emergentes. Enfim, pressupõe ensinar que as possibilidades de ação não se esgotam com o fim de uma carreira. Ou seja, o término de uma carreira pode significar, dentro de uma perspectiva otimista ou positiva, oportunidades e foco nas potencialidades e qualidades dos seres humanos, até então adormecidas por múltiplas razões (Snyder e Lopez, 2009).

As organizações assentam-se em pressupostos valorativos (Schein, 2009b). Tais pressupostos culturais são modelos profundamente enraizados que embasam as concepções sobre os relacionamentos. Influenciam as decisões e os comportamentos em todos os níveis e segmentos organizacionais. Os pressupostos, portanto, fazem parte do dia a dia nas atividades de todos nas organizações, explicam porque agem de uma maneira ou de outra. O processo de socialização secundária (Berger e Luckman, 1985) é entendido como permanentemente ressocializador. Portanto, é possível reelaborar disposições e consequentes comportamentos que antecipem favoravelmente a transição para aposentadoria, desde que exista uma cultura corporativa favorável. Isso porque é preciso que nas organizações sejam reconhecidas, aprovadas e apoiadas as atividades de um programa de orientação ou preparação para aposentadoria.

Os gestores devem igualmente fornecer condições para suprir as necessárias ausências dos pré-aposentados no período de trabalho. O conjunto de especialistas que ministrará temas específicos deverá ser informado a respeito de necessidades e expectativas dos participantes, bem como integrado, de modo a manter a unidade do Programa. A família do pré-aposentado deverá ser inteirada dos objetivos do Programa, além da desejável participação do cônjuge ou alguém considerado significativo (pai, irmão, amigo, entre outros). Incluirá, também, pessoas que já participaram do Programa e que se encontram aposentadas.

Fala-se de mudanças que podem atingir o nível da qualidade da vida. Argumenta-se sobre transformações que podem ser aprendidas, da organização de aprendizagem, ampliando os termos em que é descrita por Senge (1990, 2009). Contudo, aprendizagens desencadeiam mudanças quando são colocadas em ação. É isso que pretendemos quando realizamos o Programa de Orientação para Aposentadoria. Criar condições para implementação de ações profícuas na aposentadoria por meio da elaboração e execução de projetos de vida. No capítulo que segue, refletiremos a respeito da relevância em construir projetos de vida no pós-carreira.

5
CONSTRUÇÃO DE PROJETOS DE VIDA NO PÓS-CARREIRA

O momento da aposentadoria, não raro, vem acompanhado de retrospectivas processadas na mente do aposentando, referentes aos significados e às relevâncias das experiências até então por ele vivenciadas no mundo do trabalho. Ao retomar o passado vivido no trabalho e constatar que os anos despendidos foram gratificantes, o impacto disto na autoestima ou autoimagem pessoal parece ser nutrido de crenças e de sentimentos que orientam avaliações positivas a respeito desta etapa. Nesse caso, a existência histórica no trabalho é vista como revestida de sentido pleno (Morin, Tonelli e Pliopas, 2007). Tal condição pode contribuir de modo significativo para a qualidade da transição para o pós-carreira.

De modo oposto, quando o "olhar para o passado" se encontra tomado de reminiscências que suscitam sentimentos negativos, expressos pela crença de que "não valeu a pena", a transposição para o pós-carreira, por meio da construção de um quadro de futuro, em geral, tende a ser acompanhada de um maior sofrimento. Tais crenças e sentimentos decorrentes se encontram relacionados a experiências tidas como ruins ou aversivas. Por exemplo, com um trabalho percebido como pouco significativo, a ausência de identidade com os propósitos organizacionais, a vivência de baixa qualidade de vida no trabalho, o senso de vergonha em associar sua vida laborativa com determinada organização, entre outras do gênero. Tais condições, em decorrência de suas naturezas, geram percepções inóspitas e entremeadas de sentimentos pouco gratificantes decorrentes da vida construída por meio do trabalho. Nesse caso, pode instalar-se no aposentado, em função da combinação de variáveis pessoais e de contexto, o que comumente denominamos de "vazio existencial", ou seja, a perda do significado da existência ou do sentido da vida. O que implica o desejo de não mais continuar "olhando para o futuro" ou projetando-o. Nessa circunstância, a opção das pessoas é a de desistir (Frankl, 1984). Este fato representa uma distorção no processo de construção do ser humano, seja no trabalho, seja em outras instâncias da sua existência. Isso porque constitui uma peculiaridade inerente a todo ser humano estar comprometido com a tarefa, sempre inacabada, de dar sentido à sua própria existência (Teixeira, 2006). Quando satisfazemos uma necessidade de modo razoável, outra necessidade preponderante emerge, dominando a vida consciente e funcionando como o epicentro da organização do comportamento. Desse modo, o ser humano é um animal que anseia eternamente (Maslow, 2003).

As alusões referentes às pessoas que tomaram consciência da perda do sentido das suas existências no momento da aposentadoria encontram ressonância nos relatos de experiências que obtivemos de grupos de orientação para aposentadoria. Por meio desses relatos ficou demonstrado que as pessoas realizadas com o que fazem e onde fazem lidam melhor com a transição para aposentadoria do que aquelas que se autopercebem como não realizadas (Zanelli e Silva, 1996; Soares, Costa, Rosa, Oliveira, 2007). Entretanto, isso não significa que pessoas satisfeitas de modo pleno com o trabalho feito durante décadas também não possam encontrar dificuldades para se inserirem nesta nova e relevante etapa de suas vidas, e que as pessoas que não experimentaram sentido nos seus trabalhos não possam construir projetos de vida profícuos no pós-carreira.

Sejam quais forem as circunstâncias e as características psicológicas das pessoas envolvidas, o trabalho sendo percebido como significativo ou não, a ruptura com o mundo do trabalho tende a gerar sentimentos ambíguos. Por um lado, a sensação de liberdade, de deixar de ser prisioneiro das rotinas burocráticas, das chefias e dos horários previamente estabelecidos. Por outro lado, as pessoas, no momento da aposentadoria, também são afetadas pela ansiedade de ter que pensar no futuro associado ao medo do desconhecido (Witczac, 2005). Questões como as que seguem tendem a se intensificar na consciência do aposentado na medida em que o momento da aposentadoria se aproxima: E agora? Quem serei daqui para frente? Como serei visto pelos outros, em especial, por aqueles considerados significativos? Como serei lembrado? Qual o legado que deixo? Como será o meu futuro? O que mudará na minha existência?

Todas essas dúvidas e inquietações também se proliferam porque constitui uma característica ímpar dos seres humanos a busca incessante por ordem, consistência e previsibilidade nos contextos onde atuam (Schein, 2009b). Logo, a ruptura com o mundo do trabalho, em decorrência da aposentadoria, significa, entre outras coisas, "o desmanchar de uma realidade social" historicamente estabelecida e norteadora de "jeitos típicos de pensar, sentir e agir". Tal condição é geradora e estimula a existência de "zonas de conforto". O que significa a construção de padrões socialmente estabelecidos, que orientem a criação e a consolidação de hábitos e costumes considerados certos, diante de situações já há muito conhecidas. Logo, as pessoas internalizam rotinas, métodos e técnicas de trabalho ao longo dos anos, criando ao seu redor regras culturais tácitas, profundamente arraigadas, por conseguinte, difíceis de serem suplantadas. O receio do novo trazido por possíveis mudanças endereçam à inércia, o que significa não fazer nada que possa ser percebido e sentido como diferente. O que prevalece nesse caso é a adoção do trivial, mesmo quando a realidade social existente é distinta daquela onde determinados hábitos e costumes tiveram suas origens históricas (Spencer, 2001). A realidade social tal qual a conhecemos um dia, e que nos construiu por meio da produção de hábitos e de costumes, e que também ajudamos a construir, não existe mais, pelo menos como era durante a carreira. Contudo, em que pese a inexistência ou o súbito desaparecimento de determinada realidade social, continuamos a pensar, sentir e agir como se esta ainda existisse. Nesse caso, "estamos em perigo", em função de adotarmos atitudes e comportamentos não condizentes com a "nova ordem psicossocial".

A vida laboral exercida durante décadas, em uma sociedade orientada para a posse em detrimento do ser, mesmo que o seu postulante não tenha consciência disso, encontra-se calcada em projetos de vida construídos a partir de necessidades consideradas prementes (Fromm, 1981). Tais necessidades podem ser do tipo fisiológicas, de segurança, de pertencer, de estima, de autorrealização, de poder, de *status*, de ter, entre outras (Maslow, 2000).

Ao considerarmos o momento da aposentadoria e que a autoimagem do aposentando, nutrida pela sua identidade ocupacional, encontra-se em muito influenciada pelo que ele faz e onde faz, se ele deixar de fazer, quem passará a ser, se tornará ou como será visto pelos outros considerados significativos? (Zanelli e Silva, 1996). A resposta para essas importantes questões endereça à reflexão sobre a necessidade de rever os projetos de vida até então orientados pela vida ativa no trabalho. Nesse novo contexto social que começa a se formar, torna-se vital reelaborar, atualizar, redefinir ou complementar conceitos, pressupostos e propósitos de vida na aposentadoria. Trata-se de um momento que é caracterizado como de mudanças no espaço de vida pessoal, que podem ser desde as mais superficiais até as de natureza mais profundas (Senge, 1999).

Mas o que é e no que deve se constituir um projeto de vida na aposentadoria? É o processo de construção e de elaboração de ideias, que deve ser continuamente refinado, de modo a transformá-las em estratégias de ação, sempre levando em conta aspectos referentes à viabilidade e ao valor que será agregado, tendo-se em vista a condição futura de aposentado. O projeto de vida na aposentadoria, invariavelmente, como qualquer projeto, prospecta o futuro. Pressupõe a realização de algo ou intento no tempo que há de vir. Constitui oportunidade proeminente para que se possa realizar ou resgatar atividades que proporcionem a satisfação de necessidades e de expectativas que se encontram adormecidas ou que no momento da aposentadoria foram de algum modo descobertas ou criadas.

O processo de construção de projetos é uma característica essencialmente humana, que inclui não somente a intenção de realizar algo para o futuro, mas também a de viver a própria vida como múltiplos projetos (França e Soares,

2009). É uma peculiaridade humana viver olhando para o futuro (Frankl, 1984). Em razão disso, os projetos de vida de cada um pressupõem uma dimensão temporal – o futuro, sob forma de antecipação, e a noção de abertura, como algo ainda não determinado, um porvir. O projeto de futuro está em constante transformação, simbolizando assim sua contínua construção e reconstrução (Soares e Sestren, 2007).

Contudo, não são poucas as pessoas que não sabem o que devem fazer para tornar realidade os seus sonhos. Em geral, têm uma noção muito vaga a respeito do que desejariam fazer ou o tipo de ser humano que gostariam de se tornar. Como consequência, não sabem como tornar realidade o sonho, partindo de onde se encontram (Maxwell, 2009). Quando não sabemos para onde queremos ir, como também onde nos encontramos, qualquer caminho serve. O significado disso é que nos encontramos à deriva, desgarrados ou sem rumo.

A elaboração do projeto de vida na aposentadoria, entre outras coisas, subentende examinar as relações entre o que desejamos nos tornar ser e as competências técnicas, interpessoais e espirituais de que dispomos. Também deve ser levada em conta a relação entre o contexto físico, o contexto psicossocial e o suporte social de que dispomos e do que necessitamos ter. Tal concepção remete ao conceito de tensão criativa (Fritz, 1997; Senge, 1990), que se encontra assentado em três princípios fundamentais:

1. A tensão é formada por uma discrepância entre dois estados, o real e o ideal.
2. A tensão gerada cria uma tendência para o movimento.
3. A tensão é solucionada quando é minimizada.

Ao identificarmos o que queremos (o estado desejável) e o que somos em relação ao que desejamos ser (estado real) criamos um estado de tensão consciente. Entretanto, só isso não é suficiente para gerar as mudanças necessárias para que possamos nos tornar o que de fato desejamos ser. Torna-se vital providenciar a construção de um "caminho", expresso em procedimentos ou ações, seguidos de avaliações contínuas, que permitam demonstrar se o percurso até então percorrido está levando ao rumo correto, tendo-se em vista os propósitos ou visão de futuro. Também devemos considerar que, quando a tensão é reduzida, faz-se necessário o estabelecimento de novos projetos de vida. A metáfora do rio demonstrada por Joel Barker no filme *A visão do futuro* é bastante ilustrativa. Joel se encontra na margem de rio com águas turbulentas. Essa é a sua realidade. Contudo, deseja chegar ao outro lado da margem. Esta é a sua visão de futuro. Então, faz uso de uma corda para ajudá-lo na travessia. Esse é o caminho que construiu para fazer a sua travessia com segurança e sem atropelos. Ao chegar ao outro lado da margem necessitará construir outros quadros de futuro, de modo a continuar conferindo sentido e propósito à sua existência (Barker, 2010). Ainda segundo o autor, uma visão sem ação não passa de um sonho. Ação sem visão é só um passatempo. Uma visão com ação pode mudar o mundo.

Para estimular a geração de tensão como forma de clarear quadros futuros em relação a possíveis perspectivas de vida na aposentadoria, é importante descobrir e se inserir em espaços que sejam propícios para reflexão de hábitos e costumes, questionamentos e desafios de pressupostos e conceitos que sejam facilitadores do estabelecimento de relações genuínas de ajuda (Wind, Crook e Gunther, 2005; Schein, 2008). Como, por exemplo, viajar para locais, cujas culturas sejam diferentes do aposentado. Isso ajuda a desafiar muitos ou alguns conceitos ou "jeitos típicos de ser". Outra possibilidade complementar está no exercitar o desenvolvimento da capacidade de ouvir, por meio do contato com pessoas que, em princípio, pensam diferente ou possuem abordagens emergentes a respeito de temas, como aposentadoria, velhice, qualidade na vida, sentido e propósito de vida, espiritualidade, entre outros. Também constitui exercício relevante buscar por meio de livros, filmes, acesso a internet, pessoas com culturas e repertórios diferentes, de modo a estimular a construção de uma perspectiva multidimensional e interdisciplinar do fenômeno da aposentadoria. Além disso, é válido e salutar dispor de tempo e disposição para, individualmente ou junto com outras pessoas, questionar as rotinas cotidianas e respectivas consequências, procurando encontrar respostas para as razões de ser "das coisas como elas são" e se estas não poderiam ser diferentes. Por fim, a busca de pessoas, que, individualmente ou no plano coletivo, possam "ajudar o outro a se ajudar" na tomada de consciência a respeito do que é essencial e do que é secundário fazer no pós-carreira, torna-se fundamental à geração de qualidade na vida do aposentado.

Quando da elaboração dos projetos de vida, algumas questões se tornam fundamentais, uma vez que servem como estímulos geradores de inquietação e de facilitação da construção da imagem correta de um sonho. Ou seja, contribuem para o processo de ajuda e explicitação clara e objetiva do quadro de futuro que é desejado por alguém. Tais questões são as que seguem (Maxwell, 2009):

- A pergunta da propriedade: O meu sonho é realmente meu?
- A pergunta da clareza: Consigo ver claramente o meu sonho?
- A pergunta da realidade: Dependo de fatores que posso controlar para realizar o meu sonho?
- A pergunta da paixão: O meu sonho me incita a realizá-lo?
- A pergunta do caminho: Eu tenho uma estratégia para realizar o meu sonho?
- A pergunta das pessoas: Eu incluí as pessoas de quem preciso para realizar o meu sonho?

- A pergunta do custo: Estou disposto a pagar o preço do meu sonho?
- A pergunta da perseverança: Estou me aproximando do meu sonho?
- A pergunta da realização: Trabalhar pela realização do meu sonho me traz satisfação?
- A pergunta da importância: O meu sonho beneficia outras pessoas?

Em pesquisa realizada por Soares e Costa (2008), foram encontrados três tipos de projetos com maior representatividade entre os pesquisados: projetos relativos à superação pessoal apresentando uma necessidade de ser ativo (menção ao vazio causado pelo não trabalho); aos sentimentos de esperança, felicidade, positividade; a mudanças e busca do controle da vida; à superação de medos, incertezas e problemas; à busca por segurança; à readequação pessoal a nova disponibilidade de tempo e à necessidade de romper com paradigmas que os acompanharam durante um grande período. Um segundo projeto, mais relacionado a questões de saúde, na busca e/ou manutenção desta, com projetos relativos a melhorar a saúde (recorrer a especialistas); prevenção da saúde (manter qualidade de vida, reeducação alimentar, cuidados para alcançar boa expectativa de vida); preocupação com o envelhecimento e prática de esportes. E um terceiro, que diz respeito a projetos relacionados a atividades prazerosas, à realização de sonhos do passado; busca por maior convívio familiar (resgatar afetos); fazer algo pelo mundo (cuidar do meio ambiente, voluntariado, ajudar pessoas) e atividades novas que proporcionem prazer.

A construção da competência de se tornar proativo e de prospectar o futuro almejado pode tornar exequível a superação das crises existenciais ou das rupturas que ocorrem no trabalho ou na vida em geral. Os projetos não existem sem pessoas, sendo que, as pessoas mudam e, por isso, alteram seus projetos ao longo das suas existências. Não somos os mesmos sempre e nem igual a ninguém. E é isso justamente que nos enriquece como pessoas que somos. Então, a aposentadoria deve ser concebida como um fenômeno dentro de uma perspectiva desenvolvimental (Schein, 1984). Isso porque as pessoas mudam por meio de seus projetos, sejam eles intencionais ou não. É por meio deles que a transformação pessoal se dá ao longo do tempo dentro de um contexto que também se altera continuamente.

Em síntese, o projeto de vida na aposentadoria pode ser concebido como um processo, que expressa as alternativas possíveis na vida de uma pessoa. A construção de uma identidade futura que representa a inesgotável plasticidade do ser humano diante das condições que são objetivamente dadas. Portanto, ao se construir um projeto de vida na aposentadoria, é essencial prezar pela unidade entre subjetividade (necessidades e expectativas) e objetividade (contexto físico e psicossocial). Esse cuidado será fundamental para que os desejos existentes nesta etapa da vida se tornem concretos e realizáveis (Frankl, 1984).

6
BASES CONCEITUAIS DO PROGRAMA

Os pressupostos que orientam nossas concepções teóricas, de bases sociocognitivas, à semelhança das postulações de Blustein (1987) e Osipow (1990), estão voltados para as habilidades e atitudes envolvidas nos processos de decisão inerentes às carreiras. Por pretender mudanças de atitudes, as mudanças dos participantes do Programa evoluem em um processo de tomada de consciência, assunção de valores, retomada de emoções e disposições comportamentais. Isso significa aprender ou desenvolver padrões apropriados a uma nova etapa de vida. Guiamo-nos pelos postulados construcionistas sociais, ao entendermos que a realidade na qual se encontram inseridos os aposentados resulta do processo histórico das suas interações sociais. Influenciam a edificação de tal realidade, ao mesmo tempo em que são influenciados por ela. Portanto, compreendemos que o fenômeno da aposentadoria é consequência de uma realidade que é socialmente construída (Berger e Luckman, 1985; Goffman, 1985; Zanelli e Silva, 2008). Apoiamo-nos nos pressupostos humanistas, em especial ao considerar as necessidades e as expectativas dos seres humanos e a ideia de que estamos em busca constante de vir a ser o que ainda não somos (Maslow, 2000, 2003). Também nos apoiamos em Frankl (1984), no que se refere à necessidade de encontrarmos propósito para a nossa existência. Por fim, na formatação e na condução do Programa, priorizamos a ênfase no que existe de positividade nas pessoas. Tal opção se encontra no centro das premissas fundamentais da Psicologia Positiva, enfoque científico e aplicado da descoberta das qualidades das pessoas e da promoção do seu funcionamento positivo (Snyder e Lopez, 2009).

Um programa de orientação para aposentadoria estabelece a base para a reelaboração de valores, atitudes, percepções e comportamentos. A partir daí, pretende-se que novos projetos possam surgir para cada participante. Esse processo tem sido compreendido, em nosso trabalho, como um contexto de socialização secundária (Berger e Luckman, 1985). Segundo Soares e Costa (2008, p. 40), "quando o sujeito se depara com a aposentadoria sem estar 'preparado' para isso, crises identitárias podem ser desencadeadas e, consequentemente, surgirem dificuldades na elaboração de projetos de futuro e resultar em uma crise psicológica".

É por meio do desenvolvimento da identidade que a pessoa diferencia-se dos demais, ao mesmo tempo que se sente aceita e reconhecida. Significa, portanto, singularidade. Fundamenta-se nas representações de si e no reconhecimento das próprias características físicas, psicológicas e morais (Santos, 1990; Moragas, 1991). Trata-se de um processo de construção da representação de si (Ciampa, 1988, 1990). Consideramos neste processo a historicidade e o contexto social. Portanto, a inserção em um contexto, no momento do nascimento, e outras inserções, durante a vida, presumem determinações e representações que são repassadas para a pessoa, ao nível das elaborações subjetivas de cada um.

As pessoas denominadas "outros significativos" transmitem papéis, valores e atitudes no processo de socialização – no qual todo membro de uma sociedade interioriza esquemas que lhe permitem comportar-se socialmente, conforme as convenções e as normas ali estabelecidas (Berger e Luckman, 1985). Assim, a construção da identidade ocorre por meio de um processo em que se apreende o mundo a partir daqueles que estão à volta e são significativos. O papel social que desempenham, as representações que são transmitidas e, em concomitância, os projetos de futuro que cada um desenvolve estabelecem a dinâmica de formação da identidade.

Na contemporaneidade, estão presentes as dimensões da mudança e da continuidade. A todo tempo, são solicitadas novas disposições e novos comportamentos do trabalhador. Segundo Coutinho, Krawulski e Soares (2007, p. 35), "estas mudanças requerem dos sujeitos que se identifiquem, a cada momento, com algo novo, e reconheçam em suas trajetórias uma dimensão temporal, integrando passado, presente e futuro, no mundo laboral". A chegada da aposentadoria é o futuro, muitas vezes já imaginado, que agora se torna presente.

O papel profissional e o trabalho são fundamentais para o desenvolvimento, como marco de referência para a organização da vida pessoal e social. Proporciona a forma e a qualidade das relações interpessoais, define a estruturação do tempo dedicado ao lazer e gera meios para que se possa cumprir todos os demais papéis sociais decorrentes de uma sociedade movida pelo consumo (Forteza, 1980; Martin-Baró, 1985; Santos, 1990; Uvaldo, 1995).

A sustentabilidade das organizações depende em grande parte dos grupos que as compõem (Vázquez e Días de Quijano, 1997). Se as organizações tendem a desejar e investir na integração de seus grupos, a contrapartida, no plano pessoal, muitas vezes, pode ser o estabelecimento de uma profunda dependência do indivíduo ao seu grupo. Isso acaba por se refletir na identidade de cada um quando, mais do que ter o sobrenome da organização, passa a ser conhecido como o "João do RH", por exemplo. Portanto, as organizações existem na mente dos seus trabalhadores e a identidade organizacional tende a compor a identidade individual. As necessidades, as expectativas e os comportamentos são coletivos e as ações dos membros da organização são influenciados por suas autoimagens organizacionais (Brown, 1997; Brown e Starkey, 2000).

O grau e a qualidade da dependência que se estabelece não está sujeita apenas à maturidade que a pessoa desenvolveu ao longo da vida (Bíscaro, 1994). Muitas organizações acabam levando a pessoa a buscar um poder de posição, contraposto ao poder pessoal – aquele relativo a uma vida plena e harmônica. Por conseguinte, após uma carreira dentro de uma organização ou de organizações que constroem pessoas dependentes, é necessário reconstruir cognições e afetos – refazer descobertas.

Em nossa sociedade, o papel profissional é um dos mais valorizados, podendo ser a principal fonte de satisfação das necessidades de reconhecimento, prestígio e poder. Tem, portanto, influência determinante na construção das identidades pessoais, ao mesmo tempo que é fundamental para a manutenção da estrutura social. Em tal contexto, a produtividade é também um valor e assim é internalizada. Portanto, se a sociedade desvaloriza os indivíduos que deixaram de ser produtivos – os inativos – o aposentado perderá, com a ausência do papel profissional, o *status* junto a seu grupo social. Isso implica a pressão por reconfigurar sua identidade, porque os outros já não o veem mais do mesmo modo. Aposentar-se pode estar relacionado à perda da capacidade de ação do sujeito, um movimento de tornar-se incapaz, improdutivo, ou seja, alguém passivo e à margem da realidade social. Essa passividade endereça o aposentado para uma situação de perda do sentido da vida e morte social (Rodrigues et al., 2005).

O papel profissional que a pessoa desempenha muitas vezes é o que dá significado à sua vida. A identidade ocupacional ocupa largos espaços da identidade pessoal. A pessoa pode considerar-se mais ou menos importante dependendo de seu papel profissional e do poder e prestígio que dele advém. Por meio do desempenho de papéis, as pessoas constroem ativamente suas identidades. Do mesmo modo, os papéis ligados ao mundo do trabalho compõem uma face da estrutura identitária das pessoas (Machado, 2003). Entretanto, se a pessoa construiu, durante toda sua vida, outras fontes de reconhecimento e de valorização, as perdas do papel profissional e as mudanças daí decorrentes serão vividas de modo menos traumático e a pessoa encontrará mais facilmente outros meios de reestabelecer sua identidade. Convém ressaltar que o papel profissional não tem o mesmo significado para todas as pessoas. Cada uma organiza sua vida de modos diferentes em relação ao trabalho, aos seus valores pessoais e sociais.

A passagem para a aposentadoria pode implicar uma crise de identidade (Cooperman, 1977). Se nossa autoimagem profissional é tão importante, no momento da aposentadoria o reestabelecimento dos vínculos de sustentação social da identidade torna-se crucial.

O Programa também tem no processo de desenvolvimento grupal importante respaldo para a busca do desenvolvimento pessoal. Nessa medida, procura criar condições para que o participante encontre no grupo de preparação alternativas de amizade e referência, facilitando o afastamento do grupo de trabalho, ao mesmo tempo que aprende novas possibilidades de integração a outros convívios. O grupo de orientação por meio do estabelecimento de relações de ajuda (Schein, 2009a) permite discutir aspectos pertinentes à nova realidade, preservar a autoestima e atender às necessidades de associatividade.

A procura e a manutenção de atividades consideradas relevantes pelo aposentado e o suporte social podem contribuir para reforçar o autoconceito e os sentimentos de valorização pessoal (Deps, 1994), facilitando o manejo das situações características da passagem para a aposentadoria como uma fase de transição (Zanelli e Silva, 1996).

O Programa leva em consideração que em torno do significado do trabalho articulam-se processos psicológicos e sociais que configuram as situações encontradas no cotidiano (Martin-Baró, 1985). O trabalho é fundamental para a pessoa, implicando as representações próprias da subjetividade de cada um e, para o nível sociocultural, como mantenedor das estruturas hegemônicas. Bosi (1995), em um estudo sobre memória e sociedade, por meio do relato de pessoas idosas na cidade de São Paulo, diz que o trabalho penetra profundamente o cotidiano de cada um e o insere no sistema de relações econômicas e sociais.

Se as pessoas economicamente ativas são valorizadas socialmente, isso pode levar o trabalho a figurar como um elemento exagerado na centralização do funcionamento psicológico do aposentado. A cultura ocidental valoriza o jovem, reverencia sua vitalidade e produtividade econômica e não atribui papel significativo ao aposentado (Salgado, 1980; Moragas, 1991).

O trabalho que supre não apenas a necessidade de sobrevivência física do indivíduo proporciona a sensação de realização e possibilita *status* econômico e social. É um fator central na formação do autoconceito. Em função disso, do significado que representam suas ocupações, as pessoas possuem expectativas diferentes em relação à aposentadoria.

Postas em uma situação chamada de economicamente passivas, as pessoas são discriminadas. Porque não contribuem para a produção e distribuição de bens ou serviços, estando ausente das grandes decisões que regem a vida contemporânea, o sistema considera os aposentados pouco valiosos (Moragas, 1991). Assim, a aposentadoria, principalmente se efetuada de modo abrupto, torna-se um momento fortemente propício a episódios amargos. Conforme já mencionado, relatos de separações conjugais, doenças severas e até suicídios nos primeiros anos ou meses de aposentadoria permitem acreditar em um aumento de incidência desses fatores na transição.

Na literatura que versa sobre o assunto, tem sido recorrente a lembrança da importância dos projetos de vida para a manutenção do equilíbrio pessoal e profissional. A aposentadoria sinaliza uma nova fase na vida da pessoa, que pode ser vislumbrada como uma oportunidade de realizar projetos, desenvolver aptidões ou como um período de crise e ameaças, um tempo de vazio e de perda de referenciais (Gabriel, 1984; Santos 1990; Zanelli, 1994; Zanelli e Silva, 1996).

Enfraquecimento físico geral, declínio da percepção, rebaixamento sexual, diminuição da capacidade de memória e outras ocorrências, que, embora não correspondam necessariamente à realidade, se mantêm como estereótipos da velhice. Como tais, associam-se à aposentadoria e, por decorrência, podem induzir nos pré-aposentados sentimentos de menos valia. A aposentadoria pode ser percebida como antecipação da velhice, independente da idade cronológica da pessoa (Gabriel,1984). Outros fatores contribuem para uma percepção negativa da situação, como as reduzidas oportunidades no mercado de trabalho (Neri, 1993). Do ponto de vista psicológico, a velhice é um estado de espírito que pode ser evitado ou postergado pelas atividades significativas e pelo lazer (Neri, 1993; Guidi e Moreira, 1994; Shephard, 1994; Veras, 1995).

A aposentadoria, com base nas concepções teóricas que temos como referência, tem sido vista como parte do processo de carreira. Mais especificamente, constitui a etapa que sucede o desligamento, portanto, a última, porém, não menos importante, fase da carreira de um trabalhador (Schein, 1996). Acredita-se que a transição que ocorre na aposentadoria pode ser facilitada sobremodo quando se promovem situações ou vivências no contexto organizacional, enquanto a pessoa ainda executa suas atividades de trabalho. Ou seja, o rompimento brusco das rotinas que se alongaram durante quase toda existência parece potencializar o início de desajustes nos vários espaços da vida pessoal. Em tese, informar e clarificar as influências pelas quais a pessoa passa ou passará tem implicações decisivas na adequação e no ajuste individual. Portanto, temos o dever de facilitar a concepção de atividades alternativas ou, mais apropriadamente, repensar projetos de vida.

7
APRENDIZAGENS E INTERPRETAÇÕES DA PRÁTICA DO PROGRAMA

De uma maneira geral, os moldes em que o Programa foi estabelecido inicialmente permanecem porque têm sido bem aceitos pelos participantes e adequados à população atendida. As variações têm acontecido quanto aos conteúdos das palestras informativas e aos tipos de vivências utilizadas, sempre procurando adequar-se às características dos grupos. Em algumas circunstâncias, ao levarmos em conta o perfil psicossocial do grupo, não descartamos a possibilidade de que as vivências ou técnicas de dinâmica de grupo possam vir antes das exposições de base conceitual. Em que pesem tais possibilidades de variação, os pressupostos fundamentais que orientam a estrutura e os processos inerentes ao Programa não se alteraram ao longo do tempo.

As dezenas de grupos de participantes, que compareceram aos encontros semanais, a cada semestre, desde o início de 1993, perfazem hoje centenas de pré-aposentados ou recém-aposentados que passaram pelo Programa. Todos responderam a uma avaliação de reação (Hamblin, 1978) no encontro de encerramento. O Departamento de Recursos Humanos também utiliza um formulário, cuja função é a de avaliar o Programa. Uma dissertação de mestrado analisou a contribuição do Programa para a qualidade de vida dos servidores aposentados (Debetir, 1999). Outros trabalhos acadêmicos verificaram ou estão analisando outros aspectos, como, por exemplo, o estudo de Soares, Costa, Rosa e Oliveira (2007), onde é descrita a fase mais contemporânea do Programa, denominada de Aposent-Ação. A pesquisa realizada por Soares e Costa (2008), a respeito dos projetos de vida predominantes na aposentadoria. Por meio desse estudo foram identificadas seis grandes categorias de projetos de futuro: projetos de desenvolvimento pessoal, projetos relacionados ao lazer, projetos relacionados à saúde, projetos financeiros, projetos relacionados às atividades prazerosas diversas e projetos relativos à superação pessoal. No estudo de Soares e Costa (2009) é proposta uma reflexão sobre o papel da psicologia na orientação para aposentadoria.

Lima (2010) estudou os projetos de futuro e tempo livre em policiais federais, com o objetivo de compreender como os Policiais Federais de Santa Catarina aposentados se relacionam com o seu tempo livre. Os resultados indicam que para esse grupo o trabalho foi considerado central, tendo construído uma identidade mais estável, além de uma grande identificação com a profissão, resultando em um sentimento de ambivalência na aposentadoria. No que se refere ao tempo livre usufruído após a aposentadoria, destaca-se um maior convívio com a família, práticas esportivas e lazer. Soares (2009) investigou as relações entre identidade e projetos de futuro em diferentes grupos de aposentados, discutindo como o aposentado e o pré-aposentado entendem e explicam suas escolhas e projetos, relacionando com a formação da sua "identidade de aposentado".

Além disso, os agentes de orientação ou preparação vêm registrando depoimentos verbais e observações que subsidiam a condução das atividades. Com base nesse conjunto de informações, foram possíveis algumas aprendizagens e interpretações. Também procuramos, sempre que possível, dentro da disponibilidade dos aposentados que já passaram pelo Programa, solicitar que relatem seus aprendizados aos aposentandos dos grupos subsequentes.

Também aprendemos que, no padrão das pessoas que se mostram com bom nível decisório, se observam fatores interligados de exploração de possibilidades para a fase do pós-carreira, o desenvolvimento de relativa segurança na tomada de decisões e certa constância de planejamento em suas vidas. Suas atitudes e comportamentos evidenciam composições cognitivas de estratégias racionais e deliberadas, enquanto o contexto interacional apresenta-se favorável à reintegração e redefinições. Por outro lado, os indecisos têm dificuldades na busca de alternativas ou perspectivas de futuro relevantes, bem como de práticas antecipatórias de planejamento pessoal.

Frente ao prenúncio da aposentadoria, as reações são diversas. São comuns expressões de alívio, ao mesmo tempo mescladas de apreensões e sentimentos de perdas. Nesse processo, a pessoa resulta de algum modo solitária e sente-se responsável pelo próprio sucesso ou fracasso. Transparecem sentimentos que oscilam entre o prêmio e o castigo, muitas vezes sem que se saiba bem as razões.

Constata-se que o momento da aposentadoria tem, no geral, notável relevância para os sentimentos e valores. Surgem temores ligados ao pressentimento de inutilidade, de isolamento, de dificuldades financeiras e de desatualização. Trata-se de um processo subjetivo que claramente envolve crenças e emoções, a partir da percepção de mundo de cada um.

O fator interacional, na família e no grupo de pares, exerce marcada influência nas percepções e atitudes dos pré-aposentados ou recém-aposentados. Sabe-se que a percepção é um processo cognitivo de codificação pelo qual se captam estímulos e interpretam-se seus significados ou sentidos (Huffman, Vernoy e Vernoy, 2003). A inserção grupal é crucial nesse processo. A percepção se dá na aplicação de categorias cognitivas permeadas pelos valores da interação humana.

As relações sociais como uma sequência de interações (Moser, 1994), conclui-se, auxiliam na adaptação à aposentadoria. Pouca interatividade parece estar ligada a menores chances de sucesso. Os relacionamentos com amigos e o clima familiar receptivo ao aposentado são fatores favoráveis à reintegração. A presença dos outros reassume importância, em particular aqueles que são mais significativos. Tal aspecto vem ao encontro da satisfação de uma crucial necessidade humana que é a de pertencer (Maslow, 2003). Por meio do conjunto das nossas interações sociais é que tomamos consciência de que existimos. Ou seja, somos o que somos a partir das múltiplas relações que estabelecemos com os outros.

Aprendemos que a aposentadoria deve ser interpretada como um processo, caracterizado como um conjunto de adaptações ao longo do tempo, mais do que como um evento de curta duração. É constituída de fases com sequências variáveis, onde cronologias e durações, dependendo de aspectos contextuais e pessoais, são alteradas (Schaie, 1996). A pré-aposentadoria é, indiscutivelmente, um momento propício para a reflexão e análise de questões pertinentes à própria identidade, às expectativas e às prioridades para o futuro.

As técnicas utilizadas no Programa, como aparentam, principalmente por seu caráter grupal e por estabelecerem condições de compartilhamento, têm sido efetivas em ensinar aos participantes como lidar com as ansiedades e angústias características do período da pré-aposentadoria. Isso parece possível pela manifestação dos sentimentos positivos e negativos, pelo apoio recebido, pela expressão das opiniões em um ambiente permissivo, pelas relações gratificantes que se formam e pelas possibilidades que se colocam para maior confiança e controle da própria vida. A construção desse tipo de ambiente psicossocial tem como propósito, entre outros, fortalecer o desenvolvimento da crença de autoeficácia e a motivação para aprender nos aposentandos (Bandura, 2001).

As verbalizações dos participantes repetem-se nas afirmações de que os conteúdos do Programa são eficazes para auxiliar a decidir qual o melhor momento de se aposentar. Na maioria, relatam o afastamento de indecisões e a opção definitiva pela aposentadoria. Alguns decidem postergar o momento, mas geralmente fixam prazos. Em qualquer caso, demonstram consciência da necessidade de construir projetos futuros, com tempos definidos.

Conforme os relatos que obtivemos ao longo do tempo, os projetos de futuro manifestam-se com forte propensão para as atividades de lazer. Entre elas, as mais relatadas, são as intenções de viagens, para ambos os sexos. Em detalhe, as mulheres explicitam, mais que os homens, o desejo de viajar acompanhadas.

Na realidade norte-americana, foi registrada uma expectativa favorável das esposas quanto ao maior tempo livre de seus maridos (Schaie, 1996). Entre os participantes do Programa, temos percebido que as mulheres têm revelado preocupação com esse assunto, pelas interferências indesejáveis que os homens podem passar a exercer nas atividades domésticas. De qualquer modo, a união conjugal depende de que cada um respeite as atividades, os locais e horários do lazer ou outras atividades do parceiro.

Assume importância a administração do próprio tempo. As atividades ocupacionais dentro ou fora de casa são fundamentais e devem ser enfatizadas no Programa, sempre em busca de participação e de independência (França, 1992). Os pré-aposentados que estão habituados a preencher seu tempo livre desenvolvendo atividades não laborais encontram maior facilidade na transição para reestruturar seu tempo livre e suas relações sociais (Gabriel, 1984; Santos, 1990).

A reconfiguração do tempo livre na aposentadoria tem como intuito contrapor a ideia de neurose do domingo, atribuída ao psicanalista Ferenczi, que utiliza a expressão "longo domingo" que pode ser a aposentadoria; ou seja, um período que se arrasta e se caracteriza pela depressão e angústia de não saber o que fazer (Fericgla,1992).

Ressalte-se que as intenções de viagens muitas vezes aparecem vinculadas às preocupações financeiras. As preocupações financeiras entre os participantes do Programa estão sempre presentes, mas não parecem tão intensas quanto em princípio poderíamos supor. Considere-se que o Programa tem atendido pessoas de procedências socioeconômicas variadas. Isso vai ao encontro das conclusões de Fericgla (1992), embora em outro contexto. Segundo suas observações de campo, o nível econômico desponta como sexto fator de importância em um rol de oito itens.

No geral, as atitudes pretendidas pelos gestores do Programa dissociam a aposentadoria da ideia de velhice, morte e crise. Tanto a juventude como o envelhecimento têm sabores e dissabores. No encerramento, os participantes revelam entusiasmo com as perspectivas que se abrem. Distinguem as vantagens da nova etapa e reconhecem que encontrar satisfação pessoal é um processo de novas aprendizagens, que por si só é gratificante. Envelhecer tem o significado, portanto, de busca de realização contínua, madura e serena. Em síntese, desvencilham-se de muitos preconceitos e estigmas associados à condição de "estar aposentado".

A aposentadoria passa a ser percebida como um período de crise caso não conte com um preparo apropriado. É redefinida como um período de transição, em que a responsabilidade de cada um está em identificar suas necessidades e aprender os caminhos das resoluções. Pressupõe identificar oportunidades e ameaças e procurar "enxergar" de um modo otimista o que essa etapa da vida pode proporcionar ao crescimento pessoal do aposentado.

A decisão e as expectativas otimistas quanto ao futuro estão mais fortemente manifestas em pessoas que estão se aposentando voluntariamente. Ou seja, quando o ato da aposentadoria é de algum modo imposto ou coercitivo, com maior evidência associam-se as inseguranças, hesitações e incertezas.

Como a aproximação da nova etapa depende das experiências e da estrutura psicológica de cada um, dissonâncias cognitivas e afetivas podem emergir e requerer um acompanhamento individual profundo, sistemático e contínuo.

Parte II

O PROGRAMA DE ORIENTAÇÃO PARA APOSENTADORIA

Nesta parte apresentamos a proposta de procedimentos para a organização de um Programa em bases próprias para as especificidades de cada organização. Descrevemos os componentes do Programa: a pesquisa preliminar para conhecer as necessidades de cada organização, o planejamento dos encontros, as técnicas e sugestões de palestras informativas associadas às vivências grupais. Tais procedimentos foram articulados em base teórica com o propósito de facilitar as relações de ajuda aos participantes na construção de projetos de vida.

8
A PESQUISA PRELIMINAR E O PROGRAMA

Para iniciarmos o trabalho de orientação para aposentadoria é fundamental conhecer a organização e a motivação de seus empregados para participar dessa atividade. A resistência para participar aparece nos discursos de "falta de motivação para este tipo de trabalho". É difícil para muitas pessoas encarar esse momento e, se não for orientado, pode trazer sofrimento e estresse. Em consequência, muitos empregados acabam não se interessando em participar por medo e ansiedade em lidar com a situação e ter que enfrentá-la. Para compreender e lidar com tais situações, recomendamos antes de qualquer tipo de ação, a realização de um estudo prévio, que denominamos Pesquisa Preliminar, com dois objetivos gerais:

1. identificar a realidade da organização, quantas pessoas estarão prestes a se aposentar e o interesse ou não de efetuar a aposentadoria no momento em que cumprirem os requisitos necessários;
2. realizar um trabalho de motivação e "desmistificação" do processo de aposentadoria, por meio de entrevistas, mostrar para as pessoas que a aposentadoria não é um "bicho de sete cabeças". Começar a falar sobre esse tema e pensar nessa possibilidade ajuda no momento da tomada da decisão.

Essa proposta de pesquisa preliminar está baseada em nossas vivências como pesquisadores e na orientação de pesquisas de mestrado e doutorado. E também pela nossa experiência em consultorias referentes ao processo de aposentadoria e outros fenômenos, em diferentes tipos de organizações.

A PESQUISA

A Pesquisa Preliminar é realizada com participantes da organização que têm a intenção de se aposentar dentro de um período de tempo estabelecido como critério. Este critério não é rígido e serve apenas para ajudar a mapear a necessidade e as características da organização. Por exemplo, pode-se definir como critério entrevistar todos os empregados que manifestem a intenção de concretizar a aposentadoria nos próximos três a cinco anos.

Denominamos agentes de orientação para aposentadoria, ou simplesmente orientadores, os profissionais engajados no Programa. São orientadores internos aqueles profissionais diretamente vinculados ao planejamento e a condução do Programa, e externos aqueles que não estão vinculados diretamente, podendo ou não pertencer ao quadro da organização – é o caso de advogados, psicólogos, nutricionistas, administradores, médicos, assistentes sociais, educadores físicos, pedagogos e outros profissionais que proferem as palestras informativas.

O número de participantes da pesquisa é variável, conforme o tamanho ou número de empregados da organização. Suponha que o seu levantamento inicial junto ao Departamento de Pessoal detecte 75 pessoas que poderão solicitar a aposentaria nos próximos anos. Julgamos suficiente entrevistar cerca de 25 participantes (um terço do total).

O objetivo principal da pesquisa é personalizar o futuro Programa, ou seja, adequá-lo às características peculiares da organização e às necessidades e expectativas das pessoas que se encontram no momento da aposentadoria. Um subproduto importante desta pesquisa é firmar o clima ou tornar conhecido o trabalho que será desencadeado. Para tanto, recomendamos divulgar o acontecimento em jornais internos e outros meios de comunicação, até mesmo externos.

São objetivos intrínsecos da pesquisa:

- identificar as percepções dos empregados da organização, no que tange à aproximação da aposentadoria e às perspectivas que se abrem para tal período de vida;
- estabelecer, em consonância com as percepções identificadas, os conteúdos, a estrutura e os procedimentos do Programa.

As entrevistas podem seguir um roteiro básico que deve ser adaptado conforme as características da organização.

Questões administrativas

- Você conhece os trâmites legais para solicitar a aposentadoria?
- Quais são os procedimentos administrativos para efetivação da aposentadoria?
- Você sabe como está a sua situação?

Questões profissionais

- Como está sua situação funcional no momento?
- Como ficaria o seu setor e os projetos que está desenvolvendo com a sua saída?
- Você está preparando pessoas para lhe substituir?
- Como você se sente em relação a esta situação?
- Como a organização está vendo isto, seus superiores e seus colegas de trabalho?
- Como percebe (hoje) a relação com o seu trabalho na Organização?
- O que espera da Organização quanto à aposentadoria?
- Vê vantagens e desvantagens na aposentadoria? Quais?

Questões pessoais

- Você fez a opção pela aposentadoria?
- O que o levou a tomar esta decisão?
- Como vê a aposentadoria em relação aos aspectos: financeiro, sexual, matrimonial, familiar, social, relacional, de saúde e de ocupação do tempo?
- Como é o seu dia a dia agora (a sua rotina) e como imagina que será depois? Acha que a aposentadoria vai mudar sua vida quanto à sua rotina e ao seu modo de ser?
- Quais os planos para o futuro?

Os orientadores devem estar familiarizados com os procedimentos administrativos para efetivação da aposentadoria, pois serão questionados durante as entrevistas. Muitas vezes, o empregado não sabe nem mesmo a que órgão ou setor se dirigir para obter informações sobre sua situação (contagem do tempo de serviço, remuneração futura e assim por diante). Tal familiarização permite contextualizar claramente os conteúdos que serão buscados nas entrevistas e analisados. Podem ser considerados como fonte de dados secundários os procedimentos, formulários, regulamentações e outros documentos internos da organização.

As entrevistas são precedidas por um contato telefônico, formulação do convite e esclarecimentos pormenorizados. Quando o empregado aceita participar, é feito o agendamento e são fornecidas instruções sobre onde a entrevista deverá ocorrer.

As entrevistas são realizadas tendo como base o roteiro semiestruturado apresentado anteriormente e adaptado pelos orientadores de acordo com as necessidades de cada organização. Temos o cuidado de tornar claros os objetivos da pesquisa, assegurar o anonimato do entrevistado e explicar a necessidade de gravar as falas para a posterior análise. O roteiro de entrevista deve permitir a livre expressão do entrevistado, de modo que o entrevistador possa esclarecer outras questões e aprofundar tópicos de interesse no decorrer e de acordo com as verbalizações.

Na medida em que as entrevistas vão sendo realizadas, procedemos a transcrição das verbalizações. A transcrição consiste na transposição fiel das falas gravadas, para registros na forma de relatos escritos em arquivos, para facilitar a análise dos conteúdos, aprofundada na fase que vem em seguida.

O procedimento de análise dos conteúdos das entrevistas percorre as seguintes etapas:

- análise dos procedimentos administrativos;
- transcrição das verbalizações das entrevistas;
- análise das entrevistas e recorte das verbalizações de interesse para formação de categorias temáticas;
- análise e discussão do conjunto das informações coletadas, entre os orientadores.

Para analisar o conteúdo das entrevistas, o orientador escuta com atenção as entrevistas gravadas e anota as falas mais relevantes. Depois, agrupa os conteúdos conforme os temas que surgirem e uma classificação de importância do tema para o grupo de entrevistados. Ou seja, deve ser feita uma classificação, contendo os temas mais citados pelos participantes. Esses seriam temas de maior interesse para o grupo e, portanto, devem ser contemplados no Programa. Temas pouco frequentes, que aparecem somente uma ou duas vezes podem não ser de tanto interesse, mas não devemos desconsiderá-los. Muitas pessoas ainda não pensaram na sua aposentadoria e, por isso, não os veem como importantes. Isso significa que, no decorrer dos encontros, os temas podem aparecer para o grupo. Por exemplo, o tema da sexualidade seria ou não importante para ser trabalhado? Talvez esse tema não surja na lista de prioridades, mas todos nós sabemos de sua importância para a qualidade de vida e da dificuldade de se falar sobre sexualidade.

A análise das falas de interesse e a formação de categorias temáticas demanda muitas leituras e releituras dos relatos escritos. Destacam-se, inicialmente, as falas que atendem aos objetivos da pesquisa e respondem à principal questão: a importância da realização de um programa de orientação para aposentadoria na organização e, considerando as características daquela organização em particular, as necessidades e as expectativas dos participantes do Programa. Isso deve permitir o estabelecimento e agrupamento de unidades em categorias temáticas. As categorias são formadas pelo agrupamento de acordo com a similaridade dos conteúdos abordados nas várias entrevistas.

O contato com a literatura sobre os temas facilita a análise e discussão do conjunto das informações coletadas, inclusive os dados de fonte secundária. Permite a sistematização dos conteúdos e possibilita inferir percepções e expectativas que os entrevistados possuem sobre a aposentadoria.

A discussão deverá voltar-se para a aplicação, isto é, deverá demarcar estratégias e procedimentos que definirão o Programa. Em outras palavras, os conteúdos agrupados em categorias amplas orientarão as atividades futuras de prestação de informações e reflexões.

Imagine, por exemplo, que em sua organização os entrevistados revelem a vontade de montar um pequeno negócio, dentro de uma categoria que você denominou *Planos e Perspectivas dos Entrevistados*. Como decorrência, o Programa incluirá uma palestra informativa, proferida por um profissional qualificado para tal, com o título *Como Montar um Pequeno Negócio*.

RELEVÂNCIA DO PROGRAMA

A expectativa de vida da população brasileira economicamente ativa tem aumentado consideravelmente nas últimas décadas. Em 1948, quando se institucionalizou a aposentadoria por tempo de serviço, o brasileiro vivia em torno de 50 anos. Entre 1980 e 2003 a esperança de vida ao nascer, no Brasil, elevou-se em 8,8 anos: mais 7,9 anos para os homens e mais 9,5 anos para as mulheres. Há 40 anos (1969) quem chegasse aos 60 anos tinha a expectativa de viver por mais 5 anos. Hoje (2010), aos 60 anos, a expectativa média é de mais 18 anos de vida. Segundo Maia, Duarte, Lebrao e Santos (2006) "estima-se que cerca de um milhão de pessoas cruzam a barreira dos 60 anos de idade a cada mês, no mundo".

Considerando o mundo todo, a proporção de pessoas com 60 anos ou mais está crescendo mais rapidamente que a de qualquer outra faixa etária. "Entre 1970 e 2025, espera-se um crescimento de 223%, ou em torno de 694 milhões, no número de pessoas mais velhas. Em 2025 existirá um total de aproximadamente 1,2 bilhões de pessoas com mais de 60 anos. Até 2050 haverá dois bilhões, sendo 80% nos países em desenvolvimento" (WHO, 2005, p. 8).

Em 2003, a esperança de vida estimada ao nascer no Brasil, para ambos os sexos, subiu para 71,3 anos. Ao considerar que no Japão a vida média já é superior a 81 anos, a esperança de vida no Brasil de pouco mais de 71 anos ainda é relativamente baixa. E, de acordo com a projeção mais recente da mortalidade, somente por volta de 2040 o Brasil alcançará o patamar de 80 anos de esperança de vida ao nascer (ver www.ibge.gov.br em População/Tábuas Completas de Mortalidade).

Cada vez mais a longevidade humana e a necessidade de se elaborar novos projetos de vida estão em evidência. Nossa experiência com grupos de orientação para aposentadoria tem demonstrado a necessidade urgente de novos programas serem implementados em todas as organizações para evitar problemas maiores de saúde pública.

Ao avaliar os resultados da experiência, Soares, Costa, Rosa, e Oliveira (2007) concluem que, por meio do Programa Aposent-Ação, foi possível identificar a carência social de discussões sobre a fase de aposentadoria, por três motivos principais:

1. falta de planejamento das pessoas para aposentadoria;
2. aumento da expectativa de vida;
3. importância de orientar para a transformação das representações dos indivíduos, da sociedade e das organizações (públicas e privadas) sobre a relevância do fenômeno psicossocial da aposentadoria.

Constatamos a importância da realização de programas para preparar os participantes na reconstrução de suas identidades, visando desmitificar ideias e concepções distorcidas, devido à iminente ruptura com o mundo do trabalho. Tais programas são imprescindíveis, pois levam as pessoas a adquirirem novas informações, percepções e sentimentos mais próximos da realidade que agora se configura. Como revela Zanelli (1994), as perspectivas de vida na aposentadoria, quando buscadas por tentativas e erros, aumentam as chances de provocar problemas de saúde, nas relações familiares e sociais. Também inibem a possibilidade de serem desenvolvidas atitudes mais otimistas frente à vida, de modo ativo, buscando um melhor padrão econômico, respeito e dignidade. Faz parte da responsabilidade social das organizações tomar para si a autoria de realizar programas onde tal fenômeno possa ser discutido e avaliado com seus empregados.

O desligamento do trabalho parece ocorrer, muitas vezes, de forma atabalhoada e acuada. Os sentimentos gerados a partir dessas situações em muitos casos são marcados por conflitos que se manifestam da seguinte forma: de um lado existe a pressão por consolidar o ato, de outro ocorre o desconforto em ter que precipitar o processo da aposentadoria.

Muitas vezes os problemas da aposentadoria se originam da repentina perda de identidade profissional que ocorre com o término formal das atividades no trabalho. A nova etapa da vida implica a redefinição de papéis sociais, e geralmente é acompanhada de estereótipos que vinculam a aposentadoria a obsolescência, inatividade, empecilho, velhice e morte.

Para demonstrar a importância do Programa para as pessoas que se encontram no momento da aposentadoria nas organizações, sugerimos:

- A realização de palestras motivacionais, onde são apresentados temas como: o significado do trabalho e da aposentadoria na vida das pessoas, os diferentes momentos e espaços da vida além do trabalho, o projeto de vida (profissional, familiar, financeiro, entre outros), a importância do planejamento para enfrentar este momento.
- Convidar vários funcionários aposentados para contarem como foi a sua vivência, ressaltando os aspectos positivos – de quem se deu bem e está usufruindo o seu tempo livre do trabalho, ou estabeleceu outras rotinas.
- Convidar funcionários que decidiram por uma nova carreira, reorientaram seu futuro profissional, para contar como ocorreu tal decisão e como está sua nova vida profissional.
- Convidar também aqueles que inicialmente não se deram bem, apresentando os aspectos negativos, a dificuldade em se integrar nesta nova etapa, os problemas de saúde e as dificuldades psicológicas, como depressão e alcoolismo que algumas vezes acometem os aposentados não preparados, demonstrando como pode ser possível superar essas dificuldades.
- Convidar ministrantes externos para falar resumidamente sobre seus temas, mostrando a necessidade e a importância da organização e orientação para não sofrer as consequências da falta de conhecimento do que tem pela frente.
- A apresentação de filmes que revelem a vivência da aposentadoria, para debate e discussão entre os participantes. Sugerimos o filme *As Confissões de Schmidt*, cujo título original é *About Schmidt*. Neste filme, Warren Schmidt (Jack Nicholson) é um homem de 60 anos que precisa lidar com a recente aposentadoria e também com a morte repentina de sua esposa. Incerto sobre seu futuro e também sobre seu passado, ele parte em uma jornada rumo ao Nebraska para ajudar no casamento de sua filha. Muitos outros filmes debatem o tema e podem ser utilizados neste momento.

9
A QUALIFICAÇÃO DE ORIENTADORES PARA APOSENTADORIA

Coordenar o Programa de Orientação para Aposentadoria exige estar qualificado para atuar em um momento especial do desenvolvimento humano. O período de encerrar uma carreira, de deixar uma organização, os colegas e amigos, para buscar um novo projeto de vida, uma nova carreira ou simplesmente "usufruir o tempo livre e curtir a vida" pode ser um momento difícil para um grande número de pessoas. Exige cuidados e uma qualificação teórica e técnica (prática) por parte dos planejadores e executores. Poucas organizações investem na formação e na qualificação de seu corpo funcional, principalmente nos profissionais dos setores de RH, para que se tornem competentes na gerência do Programa e obtenção dos resultados almejados. O significado que atribuímos ao termo qualificação é de algo que resulta de interações complexas, que é construído socialmente e incorpora elementos psicossociais, culturais, políticos e econômicos.

Adentrar a temática da aposentadoria depende de vários campos da atuação profissional e é, portanto, obrigatoriamente interdisciplinar. Exige trocas, integração e cooperação entre os profissionais, em torno da especificidade do Programa. Envolve a participação de psicólogos, médicos, nutricionistas, administradores, sociólogos, advogados, assistentes sociais, economistas e outros profissionais. Contudo, destacamos o caráter construcionista, psicossocial, sistêmico e processual. Um processo constituído pela informação e formação, que visa à assunção positiva do novo papel. Vai além dos interesses de quem está se aposentando, beneficia as organizações e a sociedade como um todo.

Os orientadores para aposentadoria são os profissionais que se engajam no Programa, por meio da realização das várias atividades inseridas no processo, que vai desde a divulgação do Programa até a sua realização e avaliação final.

O público-alvo do Curso de Qualificação são os profissionais de RH (orientadores internos) e outros profissionais que atuam como orientadores externos, que irão participar do Programa de Orientação para Aposentadoria como gestores, ministrantes ou coordenadores dos grupos.

É função principal dos orientadores internos manter a coerência do Programa, integrando as palestras com as vivências, com foco nos projetos de vida. Para isso, são responsáveis por fornecer a linha mestra do trabalho aos orientadores externos, para não correr o risco de qualquer palestra ficar desalinhada da articulação prevista. Esse é o objetivo ao associarmos os temas das palestras aos principais aspectos que serão apresentados pelos ministrantes.

A qualificação tem o objetivo de preparar os orientadores para implantar e desenvolver o Programa, amparados em estratégias teóricas e vivenciais. Enfatizamos que é destinado a pessoas em fase transitória para a aposentadoria e visa reduzir ansiedades e dificuldades associadas a tal período, além de desenvolver aprendizagens na obtenção de informações, necessárias para ingressar e conduzir esta nova fase da vida.

A preocupação dos dirigentes com o adequado aproveitamento e desenvolvimento de seus associados é importante em um mundo do trabalho dinâmico e exigente como o de nossos dias. Fundamental é fazer um planejamento de futuro e propiciar às pessoas um espaço para reflexões relativas ao trabalho, à organização e a si próprios, antes do momento do desligamento pela aposentadoria.

O Curso de Qualificação é uma oportunidade de reflexão e discussão aprofundadas sobre o trabalho, sua contextualização, sobre o participante e seu futuro de vida e profissional. Intenciona propor uma orientação para aposentadoria em uma concepção contemporânea e ampliada enquanto ação comprometida com o desenvolvimento humano e a aprendizagem contínua.

Na Qualificação torna-se relevante apresentar um aprofundamento teórico e técnico dos aspectos referentes à orientação para aposentados na sua concepção de construção dos projetos de vida, adequada às especificidades das organizações.

O Curso é ministrado com base em procedimentos teórico-vivenciais. Uma parte é complementar a outra. A teoria será ministrada por meio de aulas expositivas, leituras de livros, de textos e discussões em grupo. Fornecemos materiais (livros e artigos) aos participantes para serem lidos e discutidos, visando ao aprofundamento das atividades realizadas.

A organização deve suspeitar de uma proposta meramente prática, pois é inadequado ensinar somente as técnicas se os profissionais não têm um referencial teórico prévio, se não sabem onde querem chegar e o que pode acontecer no grupo de aposentandos, após passarem pelos procedimentos. Se o Programa de Orientação para Aposentadoria não for bem conduzido, o efeito pode ser contrário ao esperado. Por isso, os profissionais precisam estar bem-preparados pessoalmente e tecnicamente para gerirem o processo.

São propostas do Curso de Qualificação:

- habilitar profissionais colaboradores graduados em psicologia, pedagogia, assistência social, direito, administração, ou outros, para atuação nos grupos de orientação para aposentadoria;
- desenvolver junto aos futuros orientadores uma proposta de trabalho teórico e prático de atuação na orientação para aposentadoria adequada à clientela da organização contratante;
- sensibilizar os participantes para a importância da elaboração de projetos de vida e futuro profissional, onde serão abordados temas importantes para a melhor organização pessoal e familiar desta nova etapa da vida;
- discutir com os participantes o papel de cada profissional envolvido, dentro das competências de cada área, relativas ao perfil de cada profissional, uma vez que o trabalho é obrigatoriamente interdisciplinar.

O primeiro tópico deve apresentar um aprofundamento da fundamentação teórica, incluindo discussões sobre:

- significados do trabalho;
- significados da aposentadoria;
- aposentadoria e espaços da vida pessoal;
- preparação, orientação, reflexão e relações de ajuda;
- construção de projetos de vida no pós-carreira.

É importante examinar a adequação do Programa às expectativas específicas da clientela de cada organização, com a análise:

- de estratégias de investigação do problema;
- da pesquisa como base para o planejamento das atividades.

Em seguida, detalhamos o desenvolvimento do Programa:

- palestras informativas;
- exercícios vivenciais;
- procedimentos para reflexão sobre os projetos individuais.

Os temas a serem trabalhados são: o trabalho em grupo, teorias subjacentes às técnicas de dinâmicas de grupo utilizadas, proposta de um método de trabalho e o planejamento por encontros, incluindo quais os temas e técnicas a serem utilizadas.

Finalmente, complementamos com vivências dos conceitos, por meio de:

- dinâmicas e exercícios;
- procedimentos para se lidar com as diferentes formas de reagir aos temas propostos.

A parte prática é desenvolvida por meio da vivência de técnicas de orientação para aposentadoria. Recomendamos que os orientadores vivenciem as dinâmicas, em especial aquelas que serão utilizadas no Programa, sob a orientação dos professores, pois assim estarão melhor preparados para coordenarem os grupos. Segundo Del Prette e Del Prette (2004, p. 106-107), "as vivências devem proporcionar desempenhos e experiências interpessoais significativas que articulam, simultânea ou alternadamente, demandas cognitivas, emocionais e comportamentais, criando oportunidade de observação, descrição e *feedback* por parte do terapeuta ou facilitador e pelos demais participantes". Na nossa prática, as vivências são trabalhadas da seguinte maneira:

1. As técnicas são vivenciadas pelos orientadores e discutidos os conteúdos que emergirem, enfatizando a elaboração dos projetos de vida na aposentadoria.
2. O processamento da técnica é realizado a cada momento e discutido didaticamente, com avaliação dos aspectos técnicos e de como coordenar o grupo de aposentandos.
3. São discutidas as diferentes formas de aplicação das técnicas, a adaptação para cada situação e momento do grupo.
4. Poderão ser realizadas supervisões das sessões realizadas pela equipe de participantes do Curso quando efetivarem o Programa.

O Curso será concluído com a construção de uma proposta de atuação para desenvolvimento, adaptada às necessidades da organização contratante.

O local deverá ser confortável com equipamentos disponíveis para trabalhos em grupo, *data show* e outros materiais. A sala deve ser ampla para o número previsto de participantes, com possibilidade de sentar no chão com conforto e espaço suficiente para desenvolver trabalhos em grupos.

Recomendamos uma duração para o Curso de Qualificação em torno de 40 a 60 horas de trabalho, que poderá acontecer em módulos de 8 horas diárias, durante uma semana, ou em encontros quinzenais, estendendo por um período maior de tempo. Dependendo do conhecimento prévio sobre o tema e a formação profissional dos participantes, mais horas podem ser necessárias para aprofundar temas considerados fundamentais para o grupo que está em processo de qualificação.

10
A ESTRUTURA DO PROGRAMA

LINHAS MESTRAS

O Programa, por meio de um trabalho interdisciplinar e de caráter biopsicossocial, visa informar e proporcionar desenvolvimento pessoal aos participantes. Procuramos proporcionar um espaço próprio às pessoas para vivência, reflexão e elaboração das informações transmitidas e condições compatíveis com a revisão dos projetos de vida de cada um.

O Programa conta com profissionais oriundos de diversos campos de conhecimento, que, ao abordarem a aposentadoria, o fazem a partir de seus referenciais específicos de conhecimento, porém de forma integrada.

Em cada encontro é apresentado ao grupo um tema específico, por um profissional especializado na área em questão (por exemplo, nutricionista, economista, médico e outros). Após a exposição, prevemos um momento de reflexão e esclarecimentos de dúvidas. Em outro momento do trabalho, por meio de procedimentos de mobilização grupal, os participantes são levados a vivenciar aspectos psicológicos provocados pela exposição do tema.

A apresentação dos temas pode ser realizada de diversas formas, conforme a organização do Programa. O que recomendamos é intercalar os encontros grupais informativos e encontros vivenciais.

As vivências devem ser realizadas tomando os seguintes cuidados, sugeridos por Del Prette e Del Prette (2004):

- escolher as dinâmicas de acordo com os objetivos previamente estabelecidos, com a preocupação de sempre dar uma continuidade ao encontro anterior;
- adequar o nível de complexidade da vivência às necessidades e possibilidades do grupo (por exemplo: evitar técnicas que exijam escrever quando no grupo participam algumas pessoas semianalfabetas);
- garantir o envolvimento de todos nas tarefas, mesmo que de forma diferenciada, conforme as características e interesses dos participantes;

- distribuir as oportunidades de participação nas vivências entre todos os participantes, sem rigidez, e levando em conta as características individuais (por exemplo: solicitar que todos deem sua opinião sobre o tema em questão, e aos mais quietos o orientador pode dar a palavra e solicitar que fale, mas nunca colocando a pessoa na obrigação de falar ou em situação de constrangimento);
- incentivar a cooperação entre o grupo, respeitando aqueles que têm dificuldade por não terem ainda desenvolvido essa habilidade.

Assim, os espaços de reflexão são criados de modo a favorecer a reelaboração de projetos de vida. Para tanto, tais momentos são esclarecedores, pois os participantes em grupo aprendem, trocam experiências e compartilham sentimentos referentes ao período que estão vivendo. Temos observado que esse momento vivencial de troca de experiências deve ser privilegiado, pois é avaliado como o mais importante do Programa pelos participantes. A parte informativa deve ser organizada de forma objetiva, concisa e com sentido aplicado às necessidades do grupo em questão.

Objetivos

O Programa tem como objetivos:

- discutir os aspectos biológicos, sociais, financeiros, culturais, psicológicos, políticos e econômicos, que se manifestam com maior intensidade no período anterior à aposentadoria;
- reduzir ansiedades e dificuldades associadas a tal fase;
- servir de facilitador na elaboração de novos projetos de vida;
- promover o aprendizado de informações e ajustes a novas circunstâncias como um processo continuado.

Apresentamos uma proposta de aposentadoria para a ação e não para a estagnação ou volta aos aposentos. Orientamos para o pós-carreira, isto é, para as realizações da pessoa após a sua aposentadoria em determinada carreira. O pós-carreira pode significar uma nova carreira ligada a uma organização ou não, ou ainda investir no tempo livre em atividades prazerosas, não ligadas diretamente ao mundo do trabalho. O importante é ter novos vínculos, novas atividades que deem satisfação e assim poder imaginar um futuro, realizar mudanças na vida e relembrar as escolhas passadas a partir de sua trajetória profissional.

Para alcançar os objetivos, sugerimos os seguintes procedimentos:

- realizar atividades grupais, visando à integração e à troca de experiências;
- incentivar a reflexão a respeito de possíveis alternativas de ação na aposentadoria;
- motivar o grupo a buscar um entendimento sobre as questões resultantes da mudança de vida na aposentadoria;
- facilitar a reelaboração perceptiva e afetiva de estereótipos, estigmas ou preconceitos, geralmente referidos como característicos do papel do aposentado;
- evidenciar a importância da qualidade dos vínculos familiares, como forma de facilitar a transição na aposentadoria;
- orientar as pessoas para a busca de um novo projeto de vida que lhes satisfaça;
- identificar novas atividades baseadas no conhecimento dos interesses pessoais e de novas motivações;
- proporcionar meios ao reconhecimento de possibilidades concretas de emancipação e autorrealização humana durante a aposentadoria;
- evidenciar a importância dos relacionamentos interpessoais e grupais.

Os diferentes aspectos da vida cotidiana vão sofrer alterações com a aposentadoria. É importante ter as informações necessárias para as diferentes decisões que deverão ser tomadas. Para tanto, sugerimos os seguintes procedimentos:

- contribuir para a ampliação do repertório cultural do grupo, proporcionando informações de diversas áreas como: saúde, investimentos, previdência, esportes, família, direitos, etc.;
- avaliar os efeitos na saúde integral dos participantes, decorrentes da evolução do processo vital;
- resgatar nos participantes a valorização do corpo físico, relacionados ao bem-estar emocional;
- mostrar a importância do esporte e do lazer, como forma de recuperar o sentido lúdico da vida.

Procedimentos e técnicas

O Programa, em sua atividade básica, é realizado em dez encontros, com a frequência de um encontro por semana. Consideramos um mínimo de

40 horas de trabalho para que o Programa seja realizado com qualidade. Pode ser desenvolvido em formato de *workshop* ou oficinas, de maneira intensiva, ou em encontros durante a semana, em ambiente adequado no local de trabalho, ou em hotéis, com afastamento total do trabalho.

Os grupos devem ser constituídos por um mínimo de 8 pessoas, podendo chegar ao máximo de 15 participantes. O número mínimo e máximo adotado fundamenta-se em diferentes correntes teóricas da dinâmica de grupos, pois este número é adequado ao estabelecimento de relações face a face, confiança e cooperação, aspectos considerados essenciais ao crescimento qualitativo do grupo. No caso de grupos maiores, com 40 a 50 participantes é necessária a contratação de 3 a 4 orientadores para coordenar subgrupos de 10 a 12 participantes, a fim de organizarem as discussões dos aspectos psicológicos, que exigem grupos menores para todos terem o tempo suficiente de expressarem suas opiniões e sentimentos. Quando o trabalho é realizado em grupos de 40 a 50 participantes, o grupo reúne-se em uma mesma sala para assistir à palestra, aproveitando o mesmo ministrante para cada tema/encontro.

Em cada um dos encontros são abordados temas referentes aos campos de conhecimento de Psicologia, Administração, Direito, Economia, Medicina, Nutrição, Antropologia, Sociologia, Educação Física, Política, Espiritualidade e outros. As palestras objetivam informar e promover a reflexão dos participantes, a partir dos conteúdos transmitidos.

As palestras serão descritas no próximo capítulo, com destaque para os assuntos considerados essenciais e as diversas relações com os demais temas abordados no Programa.

COMO COORDENAR AS DINÂMICAS DOS GRUPOS

Para trabalhar em programas de orientação para aposentadoria recomendamos que o orientador tenha um repertório teórico-conceitual e experiência em trabalhos com grupos, além de outras vivências em organizações. O grupo demanda confiança no coordenador, o que significa saber que ele conhece os assuntos que serão tratados durante os encontros. Alguns participantes não se sentem à vontade ao falar de sua experiência de vida no trabalho para um orientador que não teve ou demonstra pouca experiência.

Algumas características especiais destes grupos:

- Por ser um grupo de pessoas experientes, e já terem passado 30 anos de sua vida trabalhando, muitas vezes, em diferentes setores de uma organização ou mesmo de várias, consideram-se pessoas "sabidas", isto é, colocam-se no grupo como se não tivessem muito para aprender

e sim para ensinar. Geralmente ao se apresentarem, quando perguntamos o que trazem ao grupo, uma grande maioria diz trazer a "sua experiência" de vida e profissional.
- Por trabalharem em uma mesma organização e já se conhecerem há vários anos, pode ficar difícil para se manifestarem, isto é, relatarem e expressarem suas emoções. Neste caso a habilidade do coordenador vai ser fundamental para o grupo atingir os resultados esperados. É importante deixar claro o contrato psicológico grupal, onde, entre outros aspectos, o sigilo das informações trocadas no grupo deve ser garantido por todos.
- Atividades em duplas ou trios são ótimos procedimentos para as pessoas falarem de si mesmas aos poucos e de seus sentimentos em um grupo menor e mais protegido, sem precisar se expor para o grande grupo. O relato do que foi mais importante na discussão do pequeno grupo permite uma boa compreensão do tema em questão.
- No final de cada encontro é importante cada um se manifestar sobre como foi vivenciada mais aquela etapa. Solicitamos a cada participante escrever sua opinião em um pequeno papel "post-it" (não é preciso se identificar) e colar o que escreveu em um quadro maior – para todos poderem ler antes de sair da reunião –, respondendo às seguintes perguntas: O que mais gostei hoje? E o que poderia ter sido melhor? Esta breve avaliação dá uma medida de como o grupo está vivenciando o processo de orientação.
- Os orientadores podem fazer avaliações durante o processo para analisar se estão alcançando os objetivos iniciais e propor alterações no planejamento.
- É preciso, antecipadamente, providenciar e preparar de modo adequado o ambiente onde ocorrerão os encontros, preparando os recursos, trazendo as técnicas previamente elaboradas e o material audiovisual.

Os grupos, em cada um dos encontros, são orientados por um coordenador e um observador. O coordenador tem o papel de facilitar a expressão dos participantes em relação a cada um dos temas abordados, buscando o aprimoramento de seus conhecimentos e percepções. Também cabe ao coordenador, por meio das diversas técnicas, levar os futuros aposentados à vivência de novas experiências, consideradas imprescindíveis ao seu atual momento de vida. Ao observador compete registrar todos os fatos considerados importantes, sejam manifestos ou velados, para posteriormente servirem de referências para a continuidade dos encontros. Podem também servir para orientações individuais, se necessárias, para determinados participantes.

O PLANEJAMENTO DOS ENCONTROS

No primeiro encontro, o coordenador apresenta o resultado da pesquisa realizada anteriormente por meio das entrevistas e apresenta os objetivos do Programa. Quando o trabalho já é uma continuação, é importante recuperar aspectos considerados importantes do Programa, realizado nas edições anteriores. Pode-se também contar com a presença dos participantes dos grupos anteriores para darem seus depoimentos.

O primeiro encontro tem como principais finalidades introduzir os participantes ao Programa e estabelecer o levantamento das expectativas. É eficaz trabalhar com a imagem que cada um tem da palavra "aposentado" – "O que é aposentadoria para mim?". A partir daí, um debate é estabelecido e os preconceitos e estereótipos aparecem e podem ser discutidos e elaborados.

O primeiro encontro é fundamental para o estabelecimento das identificações, onde os participantes começam a perceber que eles não estão sozinhos, outros colegas estão passando pelo mesmo momento com seus medos e angústias, e também outros estão com muitos projetos e novos objetivos para a vida que se inicia. Tal condição é propícia para o que denominamos de estabelecimento de relações úteis de ajuda.

A partir do segundo encontro, cada grupo poderá ter a sua trajetória própria, o que vai depender da percepção dos orientadores para definir qual o caminho a seguir. Como já vimos, um conjunto de temas são possíveis, mas a escolha dos temas e a ordem são definidos pelos orientadores, conforme as características e a dinâmica de cada grupo particular.

Em nossa experiência, utilizamos, em alguns grupos, as palestras informativas no início e a vivência psicológica na segunda metade do encontro. Em outros grupos, preferimos iniciar pela parte vivencial e na segunda parte do encontro são ministradas as palestras.

Em cada início de encontro é importante o coordenador retomar, de forma sintética, os pontos considerados importantes do encontro anterior. Pode ser combinada a realização da Técnica do Diário do Grupo, isto é, cada encontro é relatado em um caderno ou outro meio ou forma de expressão, com os aspectos mais importantes do encontro realizado. Alguns grupos podem organizar um *fotolog, blog, facebook* ou outra forma de compartilhar por meio da internet. Geralmente cabe a dois ou três membros do grupo o relato do encontro e estes devem combinar como fazer a apresentação para o próximo encontro. Essa tarefa auxilia o grupo a comprometer-se no período fora dos encontros, como também promove a integração dos colegas fora do horário do grupo, ao se encontrarem para realizar a tarefa. Alguns trazem poesias, outros tiram fotos e fazem uma apresentação com os melhores momentos e assim a criatividade do grupo pode se manifestar.

As vivências e dinâmicas de grupo promovem a percepção corporal e relaxamento, a representação de papéis ou outras formas de expressão, sempre vinculadas ao tema tratado nos encontros temáticos.

As técnicas utilizadas no Programa têm por finalidade facilitar a expressão dos participantes no que se refere aos seus sentimentos, expectativas, ansiedades e temores, por meio do compartilhamento de suas experiências.

Os encontros são realizados a partir da definição antecipada de temas, assumindo, desse modo, as características de grupo temático. Fundamenta-se nos pressupostos do trabalho em grupo, onde o tempo de realização, as atividades propostas e os objetivos a alcançar são previamente estabelecidos.

As funções do grupo são as de favorecer as relações de amizade, cooperação e confiança, preservar e resgatar os sentimentos de identidade e autoestima, reduzir ansiedades e inseguranças em relação às novas situações, buscar soluções para as angústias e os temores. O objetivo maior do grupo é estabelecer vinculações entre os temas e os exercícios propostos, levando os participantes à vivência pessoal.

Para o encerramento do grupo é importante realizar atividades de despedidas, pois o grupo acaba criando um forte vínculo e é necessário expressar e processar os sentimentos vivenciados e o que significa este momento de separação. Muitas atividades podem ser propostas, como a troca de presentes imaginários no encerramento, como forma de simbolizar os diversos vínculos que foram criados durante o Programa. Em alguns grupos, podemos sugerir a visita a um local apropriado, onde uma árvore é plantada, simbolizando que, com a participação nos encontros, uma semente está germinando em cada participante.

É realizada uma avaliação dos aspectos objetivos do Programa (estrutura dos encontros, espaço físico, tempo disponível, etc.), como também dos aspectos psicológicos trabalhados (em que medida o Programa auxiliou ou não na tomada de decisão sobre a aposentadoria).

Finalmente, os participantes encerram a participação no Programa em uma confraternização, onde manifestam informalmente suas considerações a respeito da vivência no grupo e o que esta tem representado para eles. Nesse momento, são enfatizadas as mudanças significativas dos participantes em relação à sua aposentadoria.

Os próximos capítulos trazem um conjunto de sugestões de palestras informativas e exercícios vivenciais a serem desenvolvidos no Programa. São palestras e exercícios que vêm sendo cuidadosamente examinados em seus efeitos. Tiveram como ponto de partida a Pesquisa Preliminar, nos moldes aqui descritos, cujas derivações têm sido revistas e atualizadas continuamente, dentro da dinâmica própria estabelecida no Programa.

11
AS PALESTRAS INFORMATIVAS

As palestras têm como finalidade informar os participantes sobre diversos aspectos pertinentes à aposentadoria. A apresentação dos assuntos, seguida de reflexões e análises, busca propiciar aos participantes a ampliação de seus conhecimentos a fim de contribuir para possíveis modificações de percepções referentes ao fato de "estar aposentado".

O contato antecipado do orientador com os ministrantes é fundamental, pois visa esclarecer os princípios norteadores e os tópicos essenciais a serem abordados. Podem prevenir enfoques contrários aos objetivos propostos pelo Programa.

Os assuntos são eleitos, conforme as prioridades elencadas pelos participantes em potencial, na fase anterior, denominada Pesquisa Preliminar e as atualizações decorrentes do conhecimento do grupo.

A síntese das palestras aqui apresentadas são apenas sugestões, baseadas em nossa experiência. Com certeza o ministrante convidado, com sua experiência, saberá o que é fundamental apresentar sobre o tema de sua área de especialização, mas deve ser orientado pelos orientadores internos no que tange às especificidades do grupo em foco e procurar seguir as diretrizes estabelecidas pela coordenação do Programa.

As palestras informativas têm uma duração de até uma hora, seguidas de 30 minutos para reflexões, dúvidas e relatos dos participantes. Como atividade complementar, poderão ser exibidos trechos de filmes e recomendadas leituras de livros sobre os temas abordados. Os filmes ou livros não precisam necessariamente ser vistos durante os encontros. São indicados para serem apreciados em outro momento e local e discutidos no grupo em momento previamente combinado.

A seguir, serão descritos sinteticamente diversos temas apresentados e discutidos nos encontros, considerados específicos para uma realidade, denotando a necessidade de uma seleção orientada pelos interesses e características dos participantes e pela cultura de cada organização.

É preciso levar em conta as diferenças entre as regiões do Brasil, assim como as diversas maneiras como cada organização incorpora seus valores, missão e sua visão, repercurtindo em formas diferentes de abordar a aposentadoria. Por exemplo, em algumas organizações a idade entre 55 a 60 anos é considerada limite para o empregado trabalhar em chão de fabrica. Como fica o trabalhador que ainda não tem as condições oficiais para se aposentar e a organização não quer mais os seus serviços? Esse tema deverá ser discutido neste grupo, pois faz parte de sua realidade. E, assim, poderão existir temas específicos, relativos a situações particulares de cada setor da economia, região ou organização, que, em princípio, foram levantados na Pesquisa Preliminar.

ASPECTOS JURÍDICOS E FINANCEIROS

Os assuntos referentes aos aspectos legais e econômicos da aposentadoria podem estar ligados ao modelo de Previdência Privada ou ao modelo vigente para o Serviço Público Federal, Estadual ou Municipal. Conforme a organização (entidade pública ou privada) onde o Programa for realizado, o tipo de vínculo empregatício e as regras da aposentadoria poderão diferir no todo ou em partes. O orientador deve procurar informações necessárias para o seu próprio conhecimento e convidar um profissional especializado para apresentar a situação referente à organização na qual está realizando o trabalho.

Solicitamos, inicialmente, ao ministrante que informe aos participantes a lei que rege as atuais regras da aposentadoria no Serviço Público Federal, Estadual ou Municipal e/ou na iniciativa privada.

Orientamos o responsável pelo tema para fornecer os esclarecimentos a respeito das averbações por tempo de serviço em outras instituições ou tipos de trabalho, vinculados à Previdência Social.

PREVIDÊNCIA SOCIAL

Na Previdência Social, a aposentadoria pode se dar em diferentes situações:

a) aposentadoria por tempo de contribuição;
b) aposentadoria por invalidez;
c) aposentadoria por idade;
d) aposentadoria especial.

Informar sobre os procedimentos a serem adotados para requerer a aposentadoria. No Serviço Público, o funcionário deve encaminhar o requerimento, manifestando o desejo de se aposentar ao Departamento de Pessoal da Organização. Logo após, ocorre um trâmite interno, onde são realizados os cálculos do tempo de serviço do requerente. Finalmente, estando pronto o processo, a decisão pela aposentadoria do requerente é publicada em Diário Oficial.

No caso da Previdência Social, a aposentadoria deve ser requerida diretamente no INSS mediante a apresentação de toda a documentação comprovando o tempo de serviço e o tempo de contribuição junto ao INSS. O ministrante deve esclarecer sobre quais documentos são efetivamente considerados para a aposentadoria e os aspectos relativos à contagem de tempo. É importante apresentar as diferentes possibilidades de se requerer o benefício da aposentadoria. Por exemplo:

a) Por invalidez permanente: com proventos integrais quando decorrentes de acidente em serviço, moléstia profissional ou doença grave, contagiosa ou incurável, especificada em lei, e proporcionais nos demais casos.

b) Compulsoriamente: aos 70 anos de idade, com proventos equivalentes ao tempo de serviço.

c) Voluntariamente: aos 35 anos de serviço, se homem, e aos 30, se mulher, com proventos integrais; aos 30 anos de efetivo exercício em função de magistério, se professor, e 25, se professora, com proventos integrais; aos 30 anos de serviço, se homem, e aos 25 anos, se mulher, com proventos proporcionais a esse tempo; e aos 65 anos de idade, se homem, e aos 60 anos de idade, se mulher, com remuneração proporcional ao tempo de serviço.

O orientador deve estar atento às mudanças na Lei de Previdência pública e privada, pois frequentemente estão sendo realizadas modificações e é preciso verificar se os itens acima continuam válidos ou foram alterados. Por isso a importância de se consultar sempre o especialista, que deve estar atualizado quanto a essas alterações.

MUNDO DO TRABALHO

Nesta palestra se aborda a importância do trabalho ao longo da vida de cada um, pois este se constitui em um instrumento historicamente concebido pelo homem, com o propósito de mediar sua interação com o meio, procurando torná-lo mais favorável à sua existência.

O significado comumente atribuído ao trabalho resume-se ao mais visível nessa relação, ou seja, os ganhos econômicos, oriundos da venda da força de trabalho. Porém, evidencia-se que estão em jogo outros aspectos relevantes, além dos ganhos materiais. Entre outros são destacados a influência do trabalho na formação da identidade pessoal, a importância da qualidade dos vínculos que se formam entre as pessoas a partir das relações de trabalho e as possibilidades da atividade laborativa como fonte de autorrealização e prazer ou frustração.

A sociedade, de modo geral, com o advento da Revolução Industrial, sedimentou uma gama de valores que passaram a priorizar o ter ou a posse, em detrimento de aspectos mais subjetivos, do ser, referentes à essência da natureza humana (Fromm, 1980). Ou seja, o ser humano passou a ser reconhecido socialmente muito mais por seus ganhos materiais do que pelo que efetivamente representa enquanto pessoa portadora de valores e sentimentos. Nesta ótica, o sujeito é visto a partir do seu papel ocupacional, local de desempenho e poder aquisitivo decorrente. O mais importante passou a ser o que o homem tem e não o que ele é.

É importante salientar o quanto o desligamento formal do trabalho encontra-se vinculado à perda do ter e tal fato pode constituir-se em uma das principais explicações para as crises que acompanham a aposentadoria.

Ao ingressarem no mundo do trabalho, as pessoas passam a desempenhar papéis que gradativamente incorporam-se ao autoconceito. A destituição ou revisão dos papéis ocupacionais e dos valores que os acompanham, objetivando o estabelecimento de vínculos compatíveis com os novos relacionamentos sociais, proporcionada pela aposentadoria, nem sempre é algo fácil.

O fato de a pessoa não experimentar significado no trabalho realizado durante muitos anos também contribui para sentimentos de vazio, manifestos no período da aposentadoria. É como se no momento de pensar a próxima etapa da vida em sociedade, a pessoa, ao fazer uma retrospectiva de sua trajetória no trabalho, percebesse o tempo perdido, do pouco que ficou e não valeu. Porém, agora não dá mais para voltar atrás e fazer diferente.

Na atualidade estão ocorrendo inúmeras mudanças nas formas de trabalho, onde entre outras consequências tem-se a crescente migração do trabalho para o lar, a utilização em massa de meios virtuais, a flexibilização de horários e a busca da experimentação de novos significados para o trabalho.

Existe também uma intensificação das inovações tecnológicas, aliada aos problemas de qualificação das pessoas, que são vistos na atualidade como importantes causas do desemprego. Por um lado, a substituição do trabalho humano nos procedimentos repetitivos permite às pessoas se dedicarem cada vez mais às atividades não estruturadas, exigindo pensamento e reflexão. De outro lado, em função das mudanças nos processos produtivos, os postos de trabalho diminuem a cada dia.

Complementando a descrição do novo desenho do mundo do trabalho, pontuamos a importância assumida pela qualidade dos produtos e dos serviços prestados por qualquer tipo de organização. É enfatizada a ideia de que os clientes estão assumindo um papel de grande valor na vida das organizações modernas.

Se a opção da pessoa que se aposenta for a de continuar em atividade, levadas em conta as novas tendências no mundo do trabalho, as possibilidades são inúmeras, de acordo com as preferências e qualificações de cada um. Ou seja, procuramos deixar claro que a consolidação da aposentadoria não deve significar necessariamente o abandono definitivo de outras possibilidades de trabalho; uma orientação para o pós-carreira pode ser solicitada. O momento da aposentadoria pode ser adequado para a realização de atividades produtivas com um maior sentido de realização.

ASPECTOS SOCIOCULTURAIS DA APOSENTADORIA

As diversas concepções e expectativas existentes no contexto social a respeito do papel do aposentado são tratadas. Percebendo-se como sem importância, o aposentado internaliza as atividades que tem o direito de gozar como fúteis e pouco valorizadas, por exemplo, usufruir o seu tempo livre sem culpa ou remorso. Assim, confirma a expectativa social de que, com a aposentadoria, a pessoa perde sua capacidade de contribuir para a sociedade produtiva – sociedade que condena o aposentado a um papel oco, destituído de sentido.

Usualmente o termo aposentadoria é utilizado como sinônimo de ócio, sendo também representado pela cena: "de pijama, em frente à televisão, com um controle remoto na mão!". Essa ideia parece dizer que, com a aposentadoria, só restaria dormir. Existe aí um sentido de desligamento do mundo externo, como se a pessoa estivesse fora do contexto ou a "volta aos aposentos".

Em grande parte da sociedade ocidental existe uma estreita associação entre a aposentadoria, a velhice e a morte. Assim, a aposentadoria seria coisa de velho e, tendo chegado este momento, não restaria mais nada, a não ser esperar a morte. A aposentadoria também está ligada à noção de terceira idade que, por sua vez, para muitos é sinônimo de improdutividade.

O aposentado é nomeado inativo, muitos recebem em sua carteira funcional o termo inativo ao lado da função. Ativo é aquele que pensa e age, e tem iniciativa. O aposentado, ao deixar a situação anterior de trabalho, parece ser visto como quem interrompeu as possibilidades de pensar, tomar iniciativas e participar do seu contexto. Enfim, acaba destituído de sua cidadania.

É importante citar exemplos de situações vividas por outros aposentados, como de pessoas que, quando aposentadas, retornaram por algum motivo aos seus locais de trabalho e são recebidas com desdém. Muitas vezes são impedidas de entrarem sem passarem por todo o procedimento de identificação, como se fossem estranhas naquele lugar. Não é por acaso que, em algumas circunstâncias, as pessoas escondem o fato de estarem aposentadas. Para não se sentirem humilhadas, elas preferem omitir esta "nova identidade".

Cabe ao aposentando refletir a respeito de suas possibilidades na nova etapa de vida. O ministrante fala da importância em adotar uma nova concepção do papel do aposentado em nossa sociedade. Novas posturas poderiam contribuir para uma modificação gradativa das expectativas sociais em relação ao papel do aposentado.

Para o enfrentamento dos estereótipos em relação à figura do aposentado, recomendamos aos participantes atuarem com a finalidade de tomar consciência e rever os próprios valores e firmar estratégias de resistências a internalizações autodepreciativas. É preciso manter a autoestima elevada, e não se deixar levar pelas pressões do contexto social.

ASPECTOS PSICOLÓGICOS DA APOSENTADORIA

Durante toda a vida laboral vai se constituindo a identidade profissional, vinculada à identidade pessoal, em uma sociedade onde somos aquilo que efetivamente fazemos. Não é por acaso que uma das primeiras perguntas que as pessoas formulam ao conhecer alguém é: "O que você faz?".

Procuramos evidenciar o quanto a identidade ocupacional é responsável por grande parte da autoimagem. Em nossa sociedade, a ocupação de uma pessoa, o seu trabalho diário, é incorporado à maneira como a pessoa se percebe, constituindo-se em importante fonte de autoestima. Constatações do tipo "de repente, houve um vazio em minha vida" são comuns no momento em que as pessoas se desvinculam da rotina diária que o processo produtivo impõe. O sentimento de vazio é explicado pelo desaparecimento de referências de tempo e espaço, que o trabalho até então vinha proporcionando às suas vidas. Os relacionamentos construídos no trabalho também são responsáveis pela formação do autoconceito.

Com a chegada da aposentadoria, as pessoas começam a perceber o sentido mais amplo do trabalho em suas vidas, além da obtenção de ganhos econômicos. É por meio do trabalho que as pessoas ampliam seus círculos de amizades e conhecimentos. A partir daí, muitos sentimentos são vivenciados nas relações estabelecidas, como o amor, o ódio, a raiva, a saudade, a competição, a cooperação, a inveja, entre outros.

Os problemas psicológicos da aposentadoria estão vinculados à repentina crise de identidade que ocorre com o término formal da vida profissional, e tais problemas são expressos por um sentimento difuso de mal-estar, alicerçado na quebra das rotinas de trabalho. As crises de autoestima na aposentadoria podem ocorrer como uma consequência do isolamento social resultante da pouca atividade somada aos problemas de saúde e de renda que muitas vezes vem junto à aposentadoria.

O trabalho assume importante significado para as pessoas, proporcionando um padrão de referência para suas vidas. E a autoestima das pessoas pode melhorar ou piorar dependendo da qualidade das relações que elas estabelecem por meio do trabalho.

As consequências psicológicas mais sérias podem ter suas origens na perda do amor-próprio, nos sentimentos de frustração e de impotência diante de uma nova ordem de vida que se configura e se impõe.

Sugerimos ao ministrante que relacione a importância psicológica do trabalho a partir dos seguintes fatores descritos por Bridges (1995a):

a) auxilia as pessoas a definir a si mesmas e aos outros o que representam no contexto social;
b) proporciona às pessoas o estabelecimento de importantes relacionamentos humanos;
c) define uma estrutura de tempo, ao estabelecer um padrão para os dias, semanas, meses e anos da vida das pessoas; e
d) define papéis a serem desempenhados, esclarecendo o tipo de contribuição esperada.

Os fatores de influência psicológica mencionados, quando devidamente considerados, a partir de práticas organizacionais condizentes, podem ir ao encontro de necessidades humanas fundamentais para o pleno equilíbrio psicológico. Tais necessidades seriam as de subsistência, convivência humana, reconhecimento pelas contribuições prestadas, possibilidade de experimentar autorrealização, exercitar a autonomia, entre outras.

A contínua satisfação das necessidades fundamentais deve ser tomada como pressuposto do novo projeto de vida, a ser elaborado tendo em vista a aposentadoria.

ASPECTOS DE SAÚDE E NUTRICIONAIS

Neste tema apresentamos os procedimentos preventivos necessários à saúde na etapa da vida coincidente com a aposentadoria. É importante sinalizar os possíveis maus hábitos da idade jovem que geram consequências interferindo na saúde do aposentado.

Ressaltamos a importância dos cuidados com o corpo, uma vez que seu pleno funcionamento é vital para a viabilização de projetos futuros. Explicamos sobre o que vem a ser saúde, e a importância de se considerar o ser humano em sua totalidade, como também as circunstâncias nas quais este vive, para se entender como se dá o processo de adoecer.

São esclarecidos os benefícios proporcionados pela medicina preventiva. O doente é visualizado a partir da qualidade com que estabelece relações no lar, no trabalho, com os parentes e com outras pessoas, de modo geral. É neste contexto que o ser humano experimenta alegrias, tristezas, mágoas, frustrações, expectativas, entre outros sentimentos, que podem contribuir para ou inibir a manifestação de determinada doença.

A história de vida de cada pessoa explica em muito uma enfermidade atual. Ao relacionar a saúde e a doença com o momento da aposentadoria, deve-se enfatizar que a manifestação de uma ou outra dependerá substancialmente de como esse momento for experienciado.

Muitas vezes, a redução da atividade profissional, conforme é vivenciada poderá representar uma ameaça à integridade do trabalhador, podendo então ser acompanhada do surgimento ou agravamento de uma doença.

É importante falar sobre o quanto as situações de estresse funcionam como sinalizadores de que o organismo pode estar sofrendo, além dos seus limites. A doença, então, seria vista como uma manifestação do corpo, reivindicando por mudanças de hábitos, imprescindíveis a uma melhor qualidade de vida.

As diferentes doenças que podem surgir com a idade devem ser apresentadas assim como os fatores de riscos e as formas de prevenção, por exemplo, doenças como a hipertensão arterial sistêmica, diabete melito, doenças cardiovasculares, doenças de Parkinson, depressão, demência, artrose e osteoporose.

Destacamos também a importância dos hábitos alimentares, da adoção de dieta balanceada, sob orientação médica, a fim de prevenir o aumento excessivo do colesterol, dos triglicerídeos e outras disfunções que possam comprometer o adequado funcionamento do organismo. É recomendada a realização de exames regulares, com vistas à prevenção de possíveis doenças.

ESPORTE E LAZER

Destacamos a importância da prática de atividades físicas e de lazer em qualquer etapa da vida e particularmente no período da aposentadoria, é ressaltada a maior disponibilidade das pessoas para se dedicarem a modos de vida com maior qualidade. E a importância da preservação do corpo, como um meio essencial à pessoa para participar ativamente de tudo que se encontra disponível a sua volta.

O cuidado com o organismo é feito por meio da manutenção da forma física, ao mesmo tempo em que se aceita as transformações biológicas vindas com o passar dos anos, e a chegada da velhice, como um evento natural.

As obrigações do dia a dia de trabalho levam muitas pessoas ao sedentarismo, isto é, passam, durante muitos anos, a maior parte dos dias (em média 8 horas por dia), em atividades repetitivas. Quando chegam em casa, após uma dura jornada de trabalho, sentem pouca disposição para realizar algum tipo de exercício ou praticar um esporte e sentam-se à frente da televisão.

Os hábitos sedentários aceleram o envelhecimento do corpo humano, tendo entre outras consequências a perda da massa óssea, muscular e problemas no coração. A aposentadoria pode ser um momento propício à retomada de práticas esportivas e de lazer em geral, de modo a proporcionar um maior dinamismo ao indivíduo.

Não existe um exercício ou prática esportiva melhor ou pior. O importante é encontrar e se dedicar àquilo que a pessoa se sente bem fazendo, sendo importante sempre buscar a orientação médica para que possa tirar o melhor proveito das atividades físicas, sem prejuízo para a sua saúde global. Por exemplo, uma caminhada diária de 60 minutos, feita sob cuidados médicos, contribui na queima de colesterol e triglicerídeos, prevenindo possíveis problemas cardiovasculares.

Além da prática de um tipo de esporte, a aposentadoria pode ser o momento adequado à experimentação do lazer e dos prazeres proporcionados pelo mesmo. Os instantes agradáveis proporcionados pelos diversos tipos de lazer podem levar a recuperar o gosto pela diversão, pelas brincadeiras e outras formas lúdicas de gozar a vida.

Junto com o grupo, listamos alguns tipos possíveis de lazer e participação social tais como: recreativas, educativas e culturais, espirituais e religiosas, ecológicas, artísticas, de cooperação, voluntárias e sociais. Os próprios participantes podem contar sobre suas experiências nestas diferentes áreas.

Neste momento da vida de cada um deve-se assumir o brincar por brincar, o prazer extraído da atividade e os resultados experimentados. O que se prioriza não é a relação lucro-prejuízo (como era valorizado no mundo do trabalho), mas fundamentalmente o significado psicológico do evento. Muitas vezes tais aspectos foram negligenciados pelo cotidiano do trabalho, e agora têm a oportunidade de se realizar.

É fundamental manter o corpo e o espírito ativos e a aposentadoria deve ser vista como uma etapa propícia para um viver melhor e mais saudável, uma vez que o tempo livre pode ser maior e permitir mais atenção à qualidade da vida.

EDUCAÇÃO FINANCEIRA

A questão financeira tem muita relevância no momento da aposentadoria, pois muitas vezes a pessoa retarda a decisão ou não vê condições de se aposentar por receio e pela dificuldade de lidar com o dinheiro. Em alguns casos, a aposentadoria diminui o rendimento mensal, e isto leva as pessoas a se angustiarem por não saberem como enfrentar tal situação.

A educação financeira não consiste somente em aprender a economizar, cortar gastos, poupar e, se possível, acumular dinheiro. Ela visa, acima de tudo, uma melhor qualidade de vida tanto hoje quanto no futuro, a fim de garantir a segurança material necessária para aproveitar todas as possibilidades da vida e estar preparado, no caso de algum imprevisto.

"Será melhor gastar hoje e aproveitar a vida ou me preparar para o futuro e economizar"? A fábula da "Formiga e a Cigarra" exemplifica esse aspecto. O mais importante é fazer escolhas de modo consciente, a partir da avaliação das reais necessidades de se gastar ou não aquele dinheiro naquele bem ou compra. E educação financeira ajuda os participantes a saberem avaliar cada situação a fim de tomar a decisão mais equilibrada e coerente com a sua situação financeira.

Alguns passos são importantes para uma boa relação com o dinheiro:

- Estabelecer metas e objetivos: só terá sentido para a pessoa em guardar dinheiro se ela tiver claro onde ela quer chegar, o que ela quer fazer com o dinheiro, quais as suas necessidades. A busca pela qualidade de vida no presente e no futuro envolve o estabelecimento de objetivos que podem ter valores e prazos diversos.
- Depois deve priorizar os objetivos e, por fim, estabelecer metas de poupança. E, quando tiver que tomar uma decisão sobre "gastar ou não gastar", deve-se ter claro qual é o seu objetivo.
- Conhecer e controlar seus gastos, fazer uma lista de todas as coisas que são pagas, com cartões de crédito, cheques e dinheiro. Anotar tudo em uma planilha, assim como todos os ganhos, se for de diferentes fontes. É fundamental fazer um controle de despesas. Geralmente sabemos o quanto ganhamos, mas não onde gastamos. As despesas devem ser agrupadas em categorias – educação, alimentação, moradia, etc. – para ser feita uma análise a fim de estabelecer um orçamento a ser cumprido a risca, para se chegar ao objetivo final.
- Em um momento posterior, fazer o seu dinheiro trabalhar por você, isto é, quando se consegue ter a receita superior à despesa e o dinheiro que sobra pode ser aplicado e investido.
- Ter dívidas não é, em princípio, necessariamente algo ruim, desde que possamos pagá-las, como as dívidas para comprar um carro ou uma casa para morar. O importante é pesquisar juros mais baixos e prestações compatíveis com a renda familiar mensal.
- A aposentadoria pode chegar antes do esperado e é importante a pessoa ter segurança financeira e poder sentir prazer em viver. Para isso, é preciso ir tomando as decisões financeiras corretas, mas com disciplina.
- Aposentar-se contando apenas com recursos do INSS ou de algum fundo de pensão pode implicar em não conseguir alcançar os objetivos traçados anteriormente.
- É importante fazer uma combinação de investimentos, a previdência privada, que garante uma aposentadoria tradicional e os investimentos, pois a aposentadoria dos sonhos deve vir da acumulação

de patrimônio permitindo ser independente nas decisões a serem tomadas.

A orientação financeira busca trabalhar a relação que se estabelece com o dinheiro em seus aspectos psicológicos, pois falar sobre esta relação pode ser um meio de potencializar uma atitude de escolha consciente. Os temas dinheiro e trajetória profissional estão interligados, pois muitas vezes toda a vida profissional está vinculada com a busca do retorno financeiro que determinada profissão ou trabalho traz.

A orientação financeira é uma prática mediada por um psicólogo e possibilita a reflexão sobre as finanças pessoais, auxiliando o participante a tomar consciência de suas atitudes e as influências que sofre em relação ao dinheiro, como as identificações familiares. A partir desta reflexão é possível tomar decisões mais autônomas no que diz respeito a essa relação.

Diferenciamos orientação de educação financeira, pois nesta são ensinadas práticas de como economizar, planejar, investir, e na orientação possibilitamos a reflexão e a discussão desses temas, levando em conta aspectos psicológicos dessa relação, como valores e crenças, sustentada pela premissa de uma Psicologia Econômica (Ferreira 2007), ao atuar como promotora de saúde financeira.

ORGANIZAÇÃO DE PEQUENOS NEGÓCIOS

Neste encontro, são discutidas as possibilidades de constituir negócios próprios, levando em conta as preferências, as habilidades e as aspirações dos participantes. Antigos sonhos e interesses podem agora se tornar realidade.

Explicamos o que é um empreendimento, de modo simples, como uma tentativa de viabilização concreta de uma ideia, com o objetivo de transformá-la em um negócio rentável. Um empreendimento só existe se houver a figura do empreendedor. Ou seja, aquela pessoa que se propõe a tentar pôr em execução uma ideia concebida como viável no mundo dos negócios. O empreendedor necessita de algumas características consideradas fundamentais ao êxito nos negócios, como iniciativa, criatividade, coragem e determinação para ver um sonho se tornar realidade.

São destacadas as possibilidades de estabelecimento do capital para a viabilização do negócio. O capital pode ser obtido por meio da contribuição de várias pessoas, constituindo, assim, uma sociedade. Outra possibilidade de obtenção se dá por empréstimo de longo prazo.

É preciso que o empreendedor se estabeleça a partir de princípios sólidos, desde o início, que nortearão as práticas do negócio, e compatíveis com o rol de valores dos seus idealizadores. Por exemplo, a qualidade dos serviços prestados será definida pelo cliente? Os demais participantes do negócio serão meros recursos ou colaboradores de fato? Qual a responsabilidade do empreendimento com o seu entorno?

Todo e qualquer empreendimento se viabiliza dentro de uma organização econômica, destinada à produção ou venda de mercadorias ou serviços, denominada organização. E dependendo dos princípios elementares desta, seu objetivo maior poderá ser o lucro ou a qualidade do que é gerado em termos de produtos ou serviços.

Na sequência, apresentamos os passos básicos a serem considerados para iniciar um negócio:

- colocar a ideia no papel, ponderando os prós e contras de sua viabilização;
- estabelecer princípios valorativos, norteadores das práticas no negócio;
- conceber estruturas e processos considerados condizentes;
- definir missão e visão;
- dimensionar o capital necessário para consolidar o negócio, bem como as formas mais adequadas de captação; e
- analisar o mercado, no sentido de verificar a demanda existente para o produto ou o serviço que se pretende oferecer.

São oferecidas informações sobre as entidades como SEBRAE, SENAC, SENAI, SESC, entre outras, pois são importantes fontes de consulta e orientação para quem deseja dar início a um empreendimento.

Ao se constituir um empreendimento, deve-se abandonar a ideia do lucro rápido e imediato. Os investimentos demoram em média cinco anos para darem os primeiros sinais de retorno em forma de lucro. É importante também ter assessoria de outras organizações mais experientes, pois a maioria das empresas fecham as suas portas no segundo ano, e depois um grande número finaliza seu negócio nos cinco anos seguintes. Não se deve arriscar sem o conhecimento do mercado e do produto a ser lançado. Pela crescente globalização da economia, não existe no mundo dos negócios lugar para aventureiros ou amadores.

FAMÍLIA E APOSENTADORIA

A importância da família no processo de orientação da nova etapa da vida é discutida com os participantes. Em algumas organizações o Programa é realizado com a presença do cônjuge, em todo processo. Quando isso não é possível, é recomendável trazer a família nesse encontro para participar do debate. Em algumas situações o ministrante pode organizar dinâmicas, com jogos e atividades que incluam os familiares. Algumas organizações, neste dia, incluem no evento uma parte social como um jantar, ou algo que reúna familiares de vários trabalhadores, para juntos pensarem na melhor forma de receber o aposentado em sua casa, após o retorno ao lar.

É na família onde se estabelecem os primeiros vínculos do ser humano, denominado socialização primária, onde, junto com a mãe e o pai e os demais considerados significativos, o novo ser apreende o mundo. Os valores preponderantes da sociedade são passados ao novo membro e permeados por intensa carga emocional. A família é fundamental para a formação da pessoa. Diversos valores são repassados pela família, sendo que muitos se perpetuam pela vida inteira.

A família considerada como uma instituição, tanto pode servir como instrumento de alienação e opressão como de liberdade ao ser humano, a partir de sua possibilidade de questionar determinados valores e de propor outros, que levem à emancipação dos seus participantes.

A família sempre tem um caráter de construção relacional, isto é, ela influencia a vida dos seus membros, ao mesmo tempo em que contribuem para a sua existência, por meio dos diversos vínculos estabelecidos entre eles.

O relacionamento com o(a) cônjuge, sem dúvida, merece atenção especial. Muitas vezes esta relação sofre os impactos da aposentadoria, de forma positiva ou negativa. O casal que está bem, mantém um bom vinculo, e fez planos para este momento, aproveita com felicidade a aposentadoria do parceiro. Porém, muitos casamentos vão se "arrastando" ao longo dos anos, e a ausência de casa, durante o tempo do trabalho de um dos cônjuges, auxilia na manutenção do casamento. Com a volta do cônjuge para casa, as brigas podem dar início a um processo de separação. É comum ouvirmos expressões como: "não foi com este marido que eu me casei, ele está muito diferente" (depoimento de uma esposa ao conviver com o marido em casa após a aposentadoria).

Os filhos também podem estranhar a presença do pai, que, agora com mais tempo livre, fica sempre perguntando aonde eles vão, a que horas voltam. Somente agora os pais demonstram se "preocupar" com a vida dos filhos, que antes se sentiam mais livres para fazer o que queriam sem o controle externo de ninguém.

No caso das mulheres, quando voltam para casa, muitas vezes querem preencher o tempo cuidando dos filhos e fazendo o que não puderam realizar quando eles ainda eram crianças. Já ouvimos depoimentos de mães que disseram "quando eu me aposentar, vou voltar para casa e fazer bolo para os meus filhos tomarem o café da tarde". Só que os filhos já estão na universidade e não tomam mais café em casa.

Com o tempo, a pessoa passa a estabelecer relacionamentos que extrapolam o âmbito da família, é o processo de socialização secundária, onde se destacam duas outras importantes instituições: a escola e o mundo do trabalho. A partir daí, valores anteriormente internalizados são confirmados ou confrontados, gerando crises em algumas situações. Com o passar dos anos, as pessoas cada vez mais são absorvidas pela escola e pelo trabalho; ao mesmo tempo em que diminuem suas inserções na família, nem sempre percebendo a redução do seu espaço de dedicação e convivência com a família. Em razão disso, quando resolve voltar para casa, muitas vezes não encontra mais o seu lugar. Tal constatação pode ser ilustrada com o relato de um homem: "eu não tenho mais um lugar dentro de casa, no máximo posso circular na garagem e nos fundos, porque o resto da casa é dela, da 'dona da casa'" Contudo, o momento da aposentadoria pode se tornar propício à retomada de atividades e vínculos dentro da família, que em decorrência das exigências do mundo do trabalho foram deixadas de lado.

Consideramos três aspectos a serem observados em relação à família:

a) retomada de projetos engavetados, como viagens, visitas, passeios, entre outros, incluindo agora a família;
b) planejamento do tempo, considerando mais tempo para relacionamentos com a família; e
c) resgate do significado da família, sua importância e valorização.

Realizar os aspectos acima citados favorece condições necessárias para a recuperação do sentido da família para o aposentando e revitaliza o papel dos familiares e do aposentando e a importância de cada um dos membros para a vida da família.

Com a aposentadoria, torna-se viável concretizar desejos que foram adormecidos pelas exigências do trabalho, agora envolvendo também a família. O tempo a dispor com a família não é mais planejado pelos outros, como ocorria sob as contingências daqueles que controlavam o tempo do trabalho do aposentado. O tempo livre agora pode ser usufruído sem culpa ou remorso, pois é um direito adquirido pelo tempo de trabalho.

A família, ao integrar o contexto social mais amplo, não se encontra imune às suas influências. O estigma do aposentado é de uma figura "ociosa", que retorna ao lar para "pôr o pijama". Ao criar essa imagem do aposentado, a família constrói uma série de expectativas em relação ao seu papel, e tais previsões acabam se confirmando, pois, ao desempenhar este papel, o faz de acordo com as expectativas desta sociedade. Assim, procuramos clarificar o quanto é importante rever o papel do aposentado, desnudando os estigmas, para que ele possa estabelecer relacionamentos mais gratificantes com seus familiares e consigo mesmo.

O USO DE DROGAS E A ADICÇÃO NA APOSENTADORIA

A adicção psicológica está relacionada à necessidade de usar determinado produto (droga) para ter uma sensação de bem-estar e alívio das tensões. Os sintomas mais comuns que levam ao seu uso são a ansiedade, a sensação de vazio, as dificuldades de concentração, que podem variar de pessoa para pessoa. A dependência psicológica normalmente atua no cérebro e produz um ou mais efeitos, tais como: redução da ansiedade e a tensão; euforia ou outras mudanças agradáveis do humor; impressão de aumento da capacidade mental e física e alterações da percepção sensorial.

As drogas socialmente permitidas incluem o álcool e os psicotrópicos (remédios), de modo geral. Representam um grande perigo para as pessoas que, por alguma razão, procuram como substitutivos ou complementos para vazios em suas vidas. O álcool é responsável em nosso país pela ocupação de boa parte dos leitos psiquiátricos; enquanto muitas pessoas tornam-se mais dependentes de certos medicamentos do que os usuários de maconha ou cocaína.

Pretendemos alertar os participantes sobre a utilização de drogas socialmente permitidas e não permitidas (drogas ilícitas), como forma de compensar as perdas oriundas do rompimento das rotinas de trabalho. Inicialmente definimos o que é considerado droga, quais são as principais drogas socialmente permitidas e as não permitidas, os efeitos de cada uma e as possíveis consequências do uso indiscriminado, quais os diversos tipos de usuários (habituais, esporádicos e o drogadictos) e suas características.

É importante discutir os motivos que levam as pessoas para o uso de drogas, como a depressão, a falta de sentido para a vida, a baixa autoestima. Neste momento é destacado o nível individual, o familiar e o social que contextualizam o seu uso, discutindo sobre as fantasias relacionadas e a consequente discriminação para evitar distorções e preconceitos a respeito do assunto.

Esclarecemos as alternativas para a superação do uso exagerado de drogas de qualquer espécie. A busca de um novo sentido para a vida após a aposentadoria, a busca de novos projetos de vida e ocupacionais pode ser uma saída para o não uso de drogas. Também são discutidas as formas de tratamento e os locais existentes para realizá-los.

A adicção é considerada uma doença reconhecida pela OMS e abrange aspectos físicos, mentais, emocionais e espirituais. No âmbito social, a pessoa começa a usar substâncias que causam dependência esporadicamente e em princípio não afeta o convívio social, podendo fazer uso em sociedade. Com o passar o tempo, a pessoa deixa de exercer o seu papel de cidadania, perde a responsabilidade e a prioridade se torna a substância que causa dependência, não existe mais a participação no contexto social. A busca da substância é o mais importante na vida da pessoa, causando a dependência e levando à perda do controle da própria vida.

Outras formas de adicção também podem acontecer como o jogo compulsivo, a ida frequente a casas de bingo, cassinos e similares. O consumismo exagerado também pode ser considerado uma adicção, que leva a pessoa a frequentar *shoppings* e comprar sem necessidade. Ao mesmo tempo, ela passa a excluir-se do convívio familiar e de outros, causando problemas de relacionamento.

TENDÊNCIAS DA APOSENTADORIA

As novas tendências da aposentadoria devem ser debatidas com o grupo, pois sabemos que, entre as várias questões a serem enfrentadas em um futuro próximo, a aposentadoria é um dos grandes desafios para a sociedade em nível mundial.

Em algumas situações, o trabalhador pode escolher se aposentar ou continuar trabalhando, após cumprir os requisitos mínimos para sua aposentadoria.

Os programas de orientação para aposentadoria podem ser utilizados pela organização para estimular as aposentadorias, ou manter os trabalhadores trabalhando por mais tempo. Podem ainda estimular uma transição saudável visando a uma aposentadoria ativa, por meio do auxílio na elaboração de projetos de vida, com a possibilidade de realizar uma segunda carreira. Ao auxiliar os empregados a adotarem um novo projeto de vida, a organização atenderá ao estabelecido na Política do Envelhecimento Ativo, proposta pela OMS (WHO, 2002), onde os temas fundamentais são a mobilidade, a participação social e a independência do idoso em relação à sociedade. Manter a autonomia durante o processo de envelhecimento é também um objetivo-chave para trabalhadores, gestores e governantes.

São apresentadas as possíveis mudanças em andamento no processo de aposentadoria no Brasil. O objetivo é levar os participantes a se reconhecerem dentro dos novos cenários, para refletirem sobre como ficariam suas vidas a partir daí e como estão sendo vivenciadas essas questões pelos aposentados. É importante ter a informação correta, pois muitos boatos podem prejudicar a decisão correta do empregado. Muitas vezes, quando as pessoas não têm as respostas, elas as inventam, para diminuir a ansiedade frente ao problema.

Diante da proximidade de mudanças significativas em nossas vidas, é importante buscar informações que efetivamente retratem a realidade do que está acontecendo. Decisões devem ser tomadas considerando fatos e não comentários ou boatos sem maior consistência.

Apresentamos o panorama global das mudanças na aposentadoria em nível internacional e depois as principais questões referentes à reforma da

Previdência no Brasil, bem como as possíveis consequências para os trabalhadores em geral, empregados públicos e rede privada.

São destacados os principais fatos em evidência, como a modificação do tempo de serviço pelo tempo de contribuição, a mudança nos limites de idade de aposentadoria, a criação dos fundos de pensão, a perda de direitos adquiridos, as regras de transição, entre outros assuntos.

Pouco adianta ficar imobilizado e temeroso diante das novas perspectivas para a aposentadoria, simplesmente reclamando ou desabafando para um amigo ou familiar. É preciso ser autor de sua própria vida, não deixando simplesmente as coisas acontecerem. Isso significa não deixar a vida levar o aposentado, mas o aposentado construir sua própria vida, em busca de seus objetivos. O mais importante é ir atrás das informações e decidir baseado em situações concretas.

Discutimos a importância da participação dos aposentados em associações que representam seus interesses, ou mesmo a fundação de uma associação, caso ainda não exista em sua comunidade. Esse é o lugar onde as reivindicações podem ser feitas e ainda uma forma de conquistar novas oportunidades, recuperar os espaços perdidos e participar de um grupo com interesses em comum, no caso, o dos aposentados.

12
AS VIVÊNCIAS GRUPAIS

As vivências grupais são fundamentais para o Programa, associadas às palestras informativas. É por meio delas que os participantes vivenciam os sentimentos relacionados à aposentadoria e refletem sobre os conceitos apresentados nas palestras, permitindo uma melhor compreensão deste momento de suas vidas. A aprendizagem no grupo, como forma de desenvolvimento humano ao longo da vida, é enfatizada durante o trabalho (França e Soares, 2009).

As vivências aqui relatadas representam algumas sugestões de exercícios e técnicas que poderão ser utilizados no Programa. Certamente, outras poderão ser emprestadas e adaptadas de outras fontes, levando-se em conta as peculiaridades dos participantes e a experiência e criatividade dos orientadores do grupo. Essas técnicas são apenas algumas sugestões, devem ser adaptadas e modificadas pelos orientadores de acordo com as características dos grupos e das organizações. Muitos livros de dinâmicas de grupos e de orientação profissional e de carreira oferecem técnicas que podem ser utilizadas. As que apresentamos já foram testadas em nossos grupos e comprovamos a sua viabilidade e, por isso, oferecemos aos nossos leitores.

As técnicas aqui propostas devem estar vinculadas aos temas a serem esclarecidos em cada um dos encontros, como também afinados com os objetivos do Programa. A relação entre os objetivos das palestras e das vivências é importante. Fornecem o critério para a organização dos encontros e vinculam os aspectos cognitivos com os afetivos.

Os exercícios de dinâmica de grupo, de percepção corporal, de relaxamento e representação de papéis podem acontecer antes ou depois das palestras. A seguir, são descritos as vivências, com seus objetivos, o tempo previsto de duração de cada uma delas, os procedimentos e as considerações a serem feitas ao final de cada encontro. O orientador faz os comentários relativos ao que observou, dando oportunidade para o grupo também se expressar.

NOVELO DE LÃ (SOARES, 2002)

Objetivos

- Integrar os participantes.
- Estabelecer o contrato do grupo.
- Refletir sobre a importância da participação e envolvimento de todos.

Tempo

- O tempo previsto é de 60 minutos.

Material

- Para sua realização, é necessário um novelo de lã ou um rolo de cordão.

Procedimento

Inicialmente, o orientador explica aos participantes a importância das pessoas se conhecerem melhor para um bom andamento do trabalho.

Pede para os participantes sentarem no chão, formando um círculo, ficando uns próximos dos outros. Coloca um novelo de lã no centro do grupo e solicita a um dos participantes para pegar o novelo e falar o seu nome, a origem deste, como foi escolhido, suas preferências, momentos bons e ruins na sua vida até então.

O orientador esclarece que a ponta do novelo deve ficar presa no dedo de quem pegou primeiro; em seguida, deve ser jogado a outro participante, este também se apresentará ao grupo e prenderá a linha em seu dedo. Quem recebeu o novelo não pode recebê-lo novamente, e este deve passar pela mão de todos os participantes.

Após todos receberem o novelo e se apresentarem, o orientador solicita a um membro para soltar a sua ponta, e pede para explicar o que vai acontecer: a teia vai ficar solta, se vários soltarem, pode ficar cheia de nós, os elos vão ficar frouxos. O orientador explica que o mesmo pode acontecer com o grupo. A participação de todos é muito importante, pois estão ali para formar um grupo e trabalhar juntos por um bom número de encontros. O comprometimento e a participação em todos os encontros são fundamentais, pois, se alguém não comparecer, vai fazer falta no processo de construção do grupo e para o grupo como um todo. Todos são importantes.

Neste momento deve ser enfatizado o contrato do grupo, isto é, as regras de seu funcionamento (datas, horários). É interessante combinar sobre atrasos (qual o limite de tolerância), faltas, como devem ser notificadas ao grande grupo. Os participantes devem fazer as normas, pois assim se sentem mais comprometidos em cumpri-las. Também é fundamental no primeiro encontro o estabelecimento do contrato psicológico e do sigilo, isto é, os fatos e as situações relatados pelos participantes não devem ser relatados fora do grupo. Isso assegura o sigilo e permite o estabelecimento da confiança e do bom andamento do trabalho.

Todos são estimulados a falar sobre sua experiência no grupo, para seus familiares ou entre os colegas de trabalho. Essa conduta é possível e desejável, assim as pessoas próximas também podem participar deste momento tão importante para cada um. Mas nunca devem comentar aspectos particulares de seus colegas de grupo, pois isto pode romper a confiança e bloquear o bom andamento do grupo.

Síntese conclusiva

Após a manifestação de todos os participantes, o orientador encerra o exercício destacando a importância de todos conhecerem um pouco mais cada pessoa do grupo e da presença e comprometimento com o grupo para um melhor andamento dos trabalhos.

HISTÓRIA DO NOME

Objetivos

- Estreitar o conhecimentos mútuo.
- Integrar os participantes.

Tempo

- O tempo previsto é de 45 minutos.

Material

- Música de fundo.

Procedimento

O orientador explica aos participantes que, para se conhecerem melhor, será solicitada a apresentação de cada um, contando a história do nome, sua origem, quem o escolheu e por qual motivo, se tinha algum familiar assim chamado, se gostam de seu nome, ou não, qual seu significado (quais os motivos que levaram a esta escolha, quais as expectativas dos pais para o futuro do filho ao escolherem o nome) e como gostariam de ser chamados no grupo. Depois, o orientador solicita que os participantes contem um pouco das atividades que realizam no dia a dia (profissionais e de lazer) e se têm alguma relação com o nome e sua origem.

Síntese conclusiva

Após a apresentação de todos, comentamos sobre as diversas informações apresentadas, as semelhanças e diferenças entre os participantes, ressaltando que o exercício revelou características pessoais e as múltiplas histórias existentes permitirão o compartilhar de experiências durante o Programa. Encerramos o exercício apontando a importância de cada um conhecer um pouco mais sobre o outro e poder se reconhecer na história contada pelo outro.

PRIMEIRAS IMPRESSÕES

Objetivo

- Explicitar expectativas e ansiedades diante do Programa e da aposentadoria que se aproxima.

Tempo

- O tempo previsto é de 30 minutos.

Material

- Para sua realização são necessárias folhas de papel ofício e canetas hidrocor.

Procedimento

Durante esse exercício é estabelecido um contrato psicológico, onde cada uma das partes (orientadores e grupo) explicita e acorda o que espera da outra. O orientador entrega uma folha a cada um dos participantes contendo duas perguntas:

1. O que espero deste grupo?
2. Como poderei contribuir para que isto ocorra?

Após dez minutos aproximadamente, o orientador solicita a cada um dos participantes para falar sobre o que escreveu. Em seguida, os participantes comentam as manifestações de cada um.

Para concluir o exercício, o orientador explicita os objetivos do Programa: diminuir dúvidas e ansiedades em relação à aposentadoria e preparar o participante para a nova etapa de vida. Enfatiza que o Programa não tem fórmulas prontas para as questões particulares, e, ao final, cada um encontrará as suas respostas sobre como se preparar para a sua aposentadoria da melhor forma possível.

A partir das diversas expectativas enunciadas pelos membros do grupo, o orientador pondera se estas são compatíveis ou não com as propostas do Programa.

Síntese conclusiva

O orientador encerra o exercício explicitando suas expectativas em relação ao grupo. Este momento é muito importante para o desenrolar do grupo, pois deve ficar claro o que será possível abordar no Programa e quais são as iniciativas que cada pessoa deve tomar individualmente para alcançar o seu objetivo pessoal. Muitas vezes o grupo quer receitas prontas, esperando do orientador as soluções, mas sabemos que a resposta está dentro de cada um, e a pessoa é responsável por buscá-la e, ao encontrá-la, colocar em prática o que visualizou.

DIÁRIO DO GRUPO (SOARES, 1993)

Objetivos

- Organizar o processo grupal dentro de uma sequência.
- Auxiliar na avaliação da trajetória do grupo no final dos encontros.

Tempo

- O tempo previsto é de 10 a 15 minutos.

Material

- Um caderno com capa dura. Pode também ser realizado de forma virtual.

Procedimento

Solicita-se, no primeiro encontro, a uma dupla de integrantes do grupo, que se responsabilize por fazer o relato do encontro. Pode ser feito de maneira criativa, utilizando-se diversos materiais. O orientador pode levar um caderno de capa dura e entregá-lo, solicitando que seja usado para o Diário. Nele devem constar as atividades realizadas, como foi o seu desenvolvimento e uma avaliação dos relatores. Isto é, como eles perceberam o envolvimento e a participação do grupo, o que significou aquela atividade no processo do grupo. Podem também comentar e criticar o encontro.

No início de cada encontro, a dupla responsável apresenta o seu relato, que, em seguida, é discutido por todos. Este momento é importante, pois todos relembram o encontro anterior e os que não estiveram presentes ficam sabendo o que aconteceu. O orientador explica a relação do encontro precedente com o encontro que está iniciando.

Síntese conclusiva

Por meio da realização do Diário em duplas, um vínculo maior é estabelecido entre os participantes, pois durante a semana eles devem se encontrar, comentar sobre o grupo e a tarefa que lhes cabe, decidindo a melhor forma de apresentar. Alguns grupos trazem poesias, letras de música, matérias de jornal que abordem o tema do encontro. Alguns tiram fotos e depois montam uma apresentação com os melhores momentos. Outros decidem utilizar os meios virtuais e criam um *fotolog*, *facebook* ou *blog* do grupo, onde todos podem participar. Os grupos mais tradicionais preferem o caderno de capa dura e o relato cursivo.

TRABALHO E APOSENTADORIA

Objetivo

- Refletir sobre o trabalho e o momento de transição para a aposentadoria.

Tempo

- O tempo previsto é de 90 minutos.

Material

- Folhas de cartolina (1 folha para cada participante), guache, pincéis, copos plásticos para colocar a água e panos para limpar os pincéis.

Procedimento

O orientador entrega para cada um dos participantes uma folha de cartolina, pincel e guache e solicita a realização de dois desenhos:

- representar o "estar trabalhando"
- representar o "estar aposentado"

Ao terminar a confecção dos desenhos, em torno de 30 minutos, estes são afixados na parede e são comentados pelos autores e seus colegas. Após a exposição dos sentidos atribuídos a cada par de desenhos, os demais participantes do grupo fazem comentários, reflexões e vinculações com percepções e sentimentos experimentados quando da produção de seus desenhos.

Síntese conclusiva

O orientador apresenta suas observações sobre os sentimentos comuns aos participantes, as identificações e as diferenças individuais em relação ao tema. Por meio dos desenhos, observa-se como cada um produziu coisas muito originais, muitas vezes expressando os mesmos sentimentos, mas de formas diferentes. Porém, o momento é comum a todos (a iminência da aposentadoria), e isto permite a troca de experiências e compartilhar sentimentos. O orientador discute sobre a relação com o trabalho e com o não trabalho (aposentadoria) auxiliando a clarificar as diferentes percepções que as pessoas têm da aposentadoria.

É importante valorizar a aposentadoria como sendo um momento de escolha, isto é, a pessoa deve decidir qual o melhor momento para sair da organização. Verificar os aspectos legais, ou seja, reunir os requisitos necessários para se aposentar, não deve ser o fator decisório – "só porque posso, não quer dizer que quero me aposentar agora", nos disse o participante de um grupo. A aposentadoria envolve uma gama de sentimentos relacionados com a história de vida de cada um, e somente a pessoa pode decidir qual é o melhor momento para si.

O TRABALHO E A VIDA

Objetivo

- Refletir sobre os sentimentos relativos às atividades laborativas, desempenhadas pelas pessoas, no decorrer de suas vidas.

Tempo

- O tempo previsto é de 90 minutos.

Material

- Para sua realização, é necessário música lenta (*new age* ou clássica), agradável de escutar e relaxante.

Procedimento

O orientador explica que será um exercício de relaxamento e solicita para ficar de olhos fechados procurando uma posição corporal agradável. Sugere para respirar fundo e procurar sentir gradativamente as diversas partes do corpo, desde os dedos dos pés até os fios de cabelos. Observar-se interiormente, prestando atenção nas sensações e nos sentimentos. Lembrar-se das primeiras experiências no trabalho, do primeiro emprego, se gostavam das atividades que desenvolviam ou não, e do relacionamento com os colegas e chefias. Lembrar-se dos empregos seguintes ou atividades profissionais, recuperando as lembranças e os respectivos sentimentos relacionados a elas. Lembrar-se dos primeiros dias de trabalho na organização atual, como foi a experiência, lembrar-se dos colegas, e a sua continuidade na organização. Finalmente agora, prestes a se aposentar, como se sentem no ambiente de trabalho, como é deixar este lugar. Sem movimentos bruscos, retornar às posições de origem, mexendo os braços e as pernas, abrindo os olhos lentamente.

Logo após, cada um dos participantes faz um relato de como experienciou o exercício, quais as lembranças lhe vieram à memória, quais os momentos mais marcantes em sua história no trabalho e como se sentem em deixar este lugar.

Síntese conclusiva

O orientador relata aos participantes que a aposentadoria é uma entre muitas outras etapas da vida. A aposentadoria representa um novo momento na vida de cada um, onde novas perspectivas estão disponíveis. É fundamental que as pessoas tomem as decisões que considerarem mais significativas neste momento.

PRÓS E CONTRAS DA APOSENTADORIA

Objetivo

- Refletir sobre aspectos que são positivos para algumas pessoas e considerados negativos para outras.

Tempo

- O tempo total previsto é de 60 minutos.

Material

- Para sua realização, são necessárias folhas de ofício e canetas.

Procedimento

A atividade é dividida em três partes.

Na primeira parte, o grupo deve separar-se em subgrupos, com no máximo três pessoas, de preferência pouco conhecidas entre si. Nos subgrupos devem conversar sobre a aposentadoria, o que estão pensando, sentindo, seus prós e contras. O tempo reservado para esta fase é de 20 minutos.

Na segunda parte, cada subgrupo é orientado a escrever em uma folha de papel os prós e os contras da aposentadoria.

No terceiro momento, no grande grupo, os diversos subgrupos relatam suas listas, que são registradas pelo orientador ou por um dos participantes em dois cartazes: um de prós e outro de contras.

Síntese conclusiva

Após os comentários dos participantes a respeito dos dois cartazes, o orientador lembra que a aposentadoria implica mudanças que cada pessoa percebe à sua maneira, sendo possível visualizar duas faces da aposentadoria. Muitas vezes o que é positivo para alguém pode ser negativo para outra pessoa. Por exemplo, alguém com muitos projetos por realizar usará o tempo livre do trabalho para colocá-los em prática, outra pessoa ainda sem projetos sente o tempo livre com muita angústia, pois não saberá o que fazer com tanto tempo disponível, o que antes não tinha. Concluindo, o fundamental está em buscar novos objetivos considerados importantes, procurando eliminar ou diminuir os aspectos negativos e fortalecer aqueles que são bons.

LISTA DE VERIFICAÇÃO DE VALORES PESSOAIS, DE TRABALHO E O MOMENTO DA APOSENTADORIA

Objetivo

- Contribuir para um melhor entendimento dos valores pessoais e de trabalho levando em conta o momento da aposentadoria.

Tempo

- O tempo previsto é de 90 minutos.

Material

- Uma lista de valores para cada participante e uma caneta.

Procedimentos

- *Etapa 1*: Desta lista de valores pessoais e de trabalho selecione os dez que são mais importantes para você ao considerar o seu momento de aposentadoria:

☐ Competência	☐ Amizade	☐ Justiça
☐ Cooperação	☐ Crescimento pessoal	☐ Individualismo
☐ Criatividade	☐ Crescimento profissional	☐ Privacidade
☐ Participação	☐ Credibilidade	☐ Qualidade
☐ Transparência	☐ Solidariedade	☐ Respeito
☐ Honestidade	☐ Autonomia	☐ Responsabilidade
☐ Conhecimento	☐ Integridade	☐ Segurança
☐ Responsabilidade Social	☐ Comprometimento	☐ Estabilidade
	☐ Lealdade	☐ Verdade
☐ Liberdade	☐ Confiança	☐ Sabedoria

- *Etapa 2*: Eliminação progressiva: Elimine cinco valores. Dos cinco que sobraram elimine mais um. Dos quatro que sobraram elimine mais um. Dos três que sobraram elimine mais um. Dos dois que sobraram elimine mais um.
- *Etapa 3*: Articulação: O que cada um dos últimos três valores escolhidos significam para você. Identifique situações onde você se comportou ou se comporta de acordo com esses valores.
- *Etapa 4*: Como você visualizaria (descreva sinteticamente) estes valores orientando a sua vida na aposentadoria.
- *Etapa 5*: Compartilhe suas descobertas com os demais participantes do grupo, procurando verificar semelhanças e diferenças nas percepções e prioridades estabelecidas quando comparadas com as dos demais participantes do grupo.

Síntese conclusiva

Após os comentários dos participantes a respeito de percepções e sentimentos gerados pelo exercício, o coordenador ressalta que o processo progressivo de eliminação de valores tem como finalidade identificar aqueles que de fato importam para cada um dos participantes. Em seguida, o coordenador menciona que não existem valores certos ou errados, mas os que constituem prioridade na vida de cada um. Também é destacado que os valores esposados são aqueles que idealizamos ou racionalizamos, mas que, nem sempre, são expressos por meio dos nossos comportamentos. Já os valores arraigados são os que estão verdadeiramente impregnados na nossa existência, e que, por isso, influenciam sobremaneira o que pensamos, sentimos e fazemos. Por fim é destacado que o exercício teve como finalidade refletir a respeito daquilo que de fato importa para a vida de cada um no momento da aposentadoria.

O ATUAL MOMENTO DE VIDA

Objetivo

- Ampliar a percepção dos participantes em relação ao seu momento de vida, levando em conta a aposentadoria.

Tempo

- O tempo previsto é de 90 minutos.

Material

- Para sua realização, é necessário um pedaço de argila para cada participante, um pote com água e papel ou pano para secar a mão.

Procedimento

Distribuir um pedaço de argila para cada um dos membros do grupo e solicitar que, por meio da argila, procurem representar seu atual momento de vida, levando em conta a aproximação da aposentadoria. O mais importante é a expressão de imagens e sentimentos, a questão estética não será considerada. Muitas vezes, no início o grupo resiste um pouco, pois a argila remete à infância e a brincar de sujar as mãos, mas depois de alguns minutos todos entram na brincadeira e no final avaliam que foi muito bom fazer e voltar a se sentir criança novamente. Esta etapa pode durar cerca de 30 minutos.

Síntese conclusiva

Após todos os trabalhos em argila terem sido realizados, o orientador pede aos membros do grupo para expressarem o sentido da representação construída na argila. Os outros também manifestam o que observaram e qual o significado que a argila representou para cada um. O comentário dos demais participantes em relação a obra de cada um traz muitos elementos que o autor da obra não havia percebido ou não tinha a intenção de representar. Esta é uma técnica artística e de expressão que mobiliza muitos sentimentos. É importante o orientador dar o espaço necessário para todos falarem sobre o que estão sentindo e percebendo de sua obra e das obras dos colegas.

O orientador conclui as atividades dizendo aos participantes que, embora existam pontos em comum, as diferentes representações produzidas demonstram que o momento da aposentadoria é muito próprio a cada um. Também recorda que o contexto sociocultural, por meio da produção de diversos estereótipos a respeito do aposentado, acaba influenciando as pessoas de uma forma bastante particular.

CONSTRUINDO O FUTURO

Objetivo

- Refletir a respeito das diversas possibilidades de ação no futuro, levando em consideração as peculiaridades desse novo cenário.

Tempo

- O tempo previsto é de 75 minutos.

Procedimento

O exercício tem como fundamento o psicodrama e procura levar os participantes a visualizarem-se como se encontrarão no futuro. O orientador solicita aos participantes que se reúnam em grupos e imaginem uma cena acontecendo no futuro. Devem construir em forma de dramatização o que estariam fazendo daqui a quatro anos. Podem ocupar um tempo aproximado de 15 minutos. Logo após, os membros do grupo dramatizam a cena, considerando os sentimentos e as sensações vividas naquele momento. Em seguida, os participantes avaliam e discutem as cenas apresentadas.

Síntese conclusiva

O orientador comenta que as possibilidades das pessoas no futuro são inúmeras, tendo em vista a multiplicidade de situações apresentadas no grupo. Mas, para se concretizarem, as pessoas precisam, desde já, construir os seus futuros, fazer acontecer, organizar os passos a serem dados e planejar o que fazer e aonde querem chegar.

MÚSICA E SENTIMENTOS

Objetivo

- Relacionar a importância dos sentimentos com a saúde física.

Tempo

- O tempo previsto é de 75 minutos.

Material

- Para sua realização, é necessário música lenta (*new age* ou clássica), agradável e relaxante. É importante a seleção prévia das músicas e a verificação do tempo que elas duram, para melhor organização do tempo de duração do exercício.
- Confeccionar diversas fichas com a inscrição de sentimentos, tais como amor, alegria, saudade, raiva, ódio, indiferença, tristeza, medo, paz, esperança, entre outros, que poderão ser elencados de acordo com as especificidades do grupo.

Procedimento

Para iniciar, o orientador espalha pelo chão todos os cartões com os respectivos sentimentos escritos. São colocados tantos cartões referentes a determinado sentimento quanto o número de pessoas no grupo. Por exemplo, se o grupo é composto por oito pessoas, teremos oito cartões com o sentimento amor, oito com alegria, e assim por diante. A seguir, é colocada a música, e durante sua execução os participantes vão retirando do chão os cartões com os quais mais se identificam. Após cada música, os participantes discorrem sobre sua vivência, mencionando qual aspecto particular da música influenciou a sua escolha. Na medida do possível, os sentimentos serão associados ao fato de a aposentadoria estar chegando.

Síntese conclusiva

O orientador reflete sobre a importância dos sentimentos positivos para nossa saúde, pois quanto mais nos nutrirmos de amor e esperança, maior será o nosso desenvolvimento enquanto seres humanos. Por outro lado, as emoções negativas impedem o nosso crescimento e nos fazem sofrer. Os sentimentos não podem ser vistos como separados do corpo, pois o que afeta o corpo influencia no que sentimos e vice-versa. Os sentimentos experimentados durante a nossa existência estão relacionados aos aspectos ligados à saúde física. É importante termos esta consciência, pois só assim estaremos mais conectados com o nosso corpo e nossa saúde psicológica e física.

PERCEPÇÃO CORPORAL

Objetivo

- Refletir sobre a importância e os cuidados com o corpo.

Tempo

- O tempo previsto é de 60 minutos.

Material

- Para sua realização, são necessárias folhas de papel pardo de aproximadamente 2 metros cada folha (um pouco maior do que o tamanho da pessoa), uma para cada participante, canetas hidrocor e pincéis atômicos de várias cores.
- A sala deve ser espaçosa para permitir que as pessoas possam se deitar no chão em cima do papel para poder fazer o desenho.

Procedimento

O orientador distribui uma folha de papel *kraft* para cada participante do grupo e pede para desenharem a si mesmos, como se veem. Em dupla, cada um deita sobre o seu desenho, e o colega contorna o corpo do outro, sobrepondo ao desenho anterior. Os participantes comentam a respeito das discrepâncias e semelhanças entre a maneira como eles se autopercebiam e os contornos reais desenhados a partir do seu próprio corpo.

Síntese conclusiva

O orientador reflete sobre as diferenças entre os corpos e, principalmente, a maneira como nos percebemos. Alguns demonstram ter desenhos mais parecidos com o real, e outros têm uma percepção muito diferente. Este exercício auxilia na conscientização desta percepção. É importante orientar os participantes interessados a se conhecerem melhor. É recomendável que procurem atividades físicas que auxiliem a autopercepção, como Ioga, Pilates, entre outros. É através do corpo que nos movemos no mundo, buscando alcançar nossos objetivos de vida, e por isso é importante conhecê-lo, aceitá-lo e preservá-lo da melhor forma possível, como possibilidade de mais saúde no futuro.

VALORES PESSOAIS

Objetivos

- Perceber que os valores são priorizados de forma diferente pelas pessoas.
- Identificar os valores pessoais e do grupo.

Tempo

- O tempo previsto é de 60 minutos.

Material

Para sua realização, são necessárias folhas com frases previamente definidas.

Procedimento

O exercício é iniciado com a distribuição de uma folha contendo várias frases. Pede-se aos participantes para escolher a frase que mais valorizam. Para esta etapa são reservados cinco minutos.

Segue uma lista de frases sugeridas:

1. As mudanças para mim são importantes.
2. Gosto de fazer o que os outros esperam de mim.
3. Gosto de fazer o que é melhor para mim.
4. Já dei tudo o que tinha que dar.
5. Ainda tenho muito que contribuir.
6. Não ter o que fazer é o que mais me agrada.
7. A hora é agora.
8. As situações novas me amedrontam.

Após as pessoas terem escolhido as frases de sua preferência, o orientador pede que constituam subgrupos de acordo com a frase escolhida. Por exemplo, os que escolheram a frase número (1), constituem um subgrupo, e assim sucessivamente. Caso tenham frases com poucas escolhas, fazer um subgrupo com estas pessoas, onde os participantes discutirão as razões das escolhas. Para esta etapa são reservados 15 minutos.

Em seguida, um representante de cada subgrupo apresenta aos demais o que foi discutido no seu grupo, e os motivos que os levaram a escolher tal frase e sua relação com o momento da aposentadoria. Para este momento são reservados 20 minutos.

Síntese conclusiva

O orientador organiza o debate em torno dos distintos valores que as pessoas priorizam. Alguns preferem agradar aos outros, outros fazem somente o que acham importante, e muitos temem as mudanças. Estes valores influenciam os diferentes pontos de vista e preferências, muitas vezes podem ser compartilhados. Por influência dos valores, a aposentadoria e as possibilidades de escolhas são vistas de diferentes formas, muitas delas estigmatizadas, outras como uma possibilidade de mudança, nesta etapa da vida.

O JOGO

Objetivo

- Evidenciar a importância do lúdico para a vida das pessoas.

Tempo

- O tempo previsto é de 90 minutos.

Material

- Uma lista de jogos e brincadeiras infantis. O orientador pode solicitar ao grupo para trazer jogos e brincadeiras que tenham em casa.

Procedimento

Por suas características, é uma atividade que provoca nos participantes muitos risos e descontração. O orientador inicia propondo a realização de uma gincana e, por meio de um sorteio, os participantes são divididos em dois grupos. Cada grupo escolhe um nome para a sua equipe. Iniciam-se as brincadeiras, que podem ser as mais diversas, como a dança da cadeira, mímica, corrida da laranja, adivinhação de objetos com os olhos vendados, decifração de enigmas ou charadas, entre outras. Após a realização das tarefas, o orientador, junto com os participantes, efetuam a contagem dos pontos. Os participantes podem também participar sugerindo outras brincadeiras conhecidas.

Síntese conclusiva

A vida no trabalho caracteriza o lado "sério da vida". Depois de tantos anos trabalhando, muitas pessoas não sabem mais brincar, ou não têm a oportunidade de relaxar e se distrair. A aposentadoria traz esta possibilidade de volta, com o tempo livre que poderá ser utilizado em atividades de ócio e lazer. Por meio dos diversos jogos, o corpo e a mente são estimulados a abandonar o sedentarismo. Muitos participam com entusiasmo, e muitos acabam até se sentindo cansados, pois efetivamente se colocaram na brincadeira. Pode acontecer de algum participante sentir dificuldade em se descontrair e não querer participar. Esta pessoa deve ser respeitada em seu jeito de ser, e poderá ser solicitada a participar de forma diferente, realizando outra tarefa, onde não precise se expor tanto, como, por exemplo, auxiliando na contagem de pontos. Independentemente da equipe vencedora, o fundamental está no "brincar por brincar" sem maiores preocupações. O primordial está no prazer experimentado ao participar de determinada atividade lúdica.

RELACIONAMENTOS NA PRÉ-APOSENTADORIA

Objetivos

- Identificar os vínculos estabelecidos com colegas e familiares no momento da pré-aposentadoria.
- Refletir sobre outras possibilidades de vínculos.

Tempo

- O tempo previsto é de 90 minutos.

Material

- Para sua realização, são necessárias folhas de papel e canetas e música relaxante para o momento da reflexão.

PROCEDIMENTO

O orientador faz uma preleção sobre a importância dos relacionamentos neste momento, levando os participantes a refletirem sobre a forma como os amigos e familiares estão influenciando a sua decisão em relação à aposentadoria. Solicita que escrevam suas ideias em uma folha de papel. Para esse momento é reservado um tempo médio de dez minutos, com uma música ao fundo.

A seguir, o orientador convida os participantes a formar grupos e discutir como estão os seus relacionamentos, qual a opinião dos cônjuges e dos filhos. Se já conversou com eles sobre o assunto e como foi a conversa. E os amigos, e colegas de trabalho, o que eles pensam e dizem?

O grupo deve organizar uma cena, que represente de alguma forma as ideias de todos e depois apresentá-la ao grande grupo. Para esta etapa é reservado um tempo de 30 minutos.

Na continuação, os vários grupos apresentam suas cenas, e depois explicam ao grande grupo quais os motivos que os levaram a representar tal cena. Por fim, são feitos comentários e perguntas de todos a respeito da dramatização. A previsão de tempo utilizado nesta etapa é de 50 minutos.

Síntese conclusiva

O orientador enfatiza o quanto são importantes no processo de pré-aposentadoria as influências de amigos e familiares a respeito dos caminhos a serem seguidos. Muitos aposentados preferem não comentar com os amigos que está se aposentando, pois os comentários são tantos, e tão diversos, que fica difícil explicar para cada um os seus motivos. A volta para casa, na condição de aposentado, é distinta da situação de conviver simultaneamente com o grupo familiar e os compromissos impostos pelo trabalho. Aposentar-se não é tirar férias, pois, muitas vezes, ao retornar para casa, sem preparação, após três a quatro meses, vem a angústia de não saber o que fazer e não poder retornar ao trabalho.

GASTOGRANA

Objetivo

- Discriminar o que é desejo e o que é necessidade da lista de gastos pessoais.
- Identificar quais bens e serviços são mais importantes.

Tempo

- O tempo previsto é de 90 minutos.

Material

- Folha A4 impressa com o seguinte quadro do gastograna:

GOSTO E GASTO	GOSTO E NÃO GASTO
NÃO GOSTO E GASTO	NÃO GOSTO E NÃO GASTO

Procedimento

Os participantes completam individualmente seu gastograna pessoal, listando todos os bens, serviços, impostos e outros gastos que têm durante o mês, classificando-se aqueles que gostam e que não gostam de gastar.

Em um segundo momento, em grupos de quatro a cinco pessoas, apresentam e discutem a sua tabela. Depois, preenchem um gastograna do grupo, com aqueles itens que são consenso e os que diferem totalmente. Posteriormente, essa tabela será apresentada e discutida no grande grupo.

Em um terceiro momento o orientador explica a diferença entre necessidades e desejos, auxiliando os participantes a classificarem pessoalmente o quanto seus gastos são para pagar suas reais necessidades e quanto gastam para pagar seus desejos.

Síntese conclusiva

Como é difícil conciliar interesses e necessidades pessoais com as do grupo, pois o que é desejo para um pode ser uma necessidade para outro. Existem diferenças de classe social, de idade e de gênero. O quadrante não gosto e não gasto geralmente é o mais difícil de preencher pois, por não fazerem, são indiferentes às ações classificadas lá.

Na avaliação final comentam que a atividade auxilia a pensar na quantidade de coisas em que as pessoas gastam dinheiro só por desejo, ficando claro aquilo que é supérfluo. Um dos participantes comentou que irá "colocar seu 'gastograna' na porta da geladeira" para ajudá-lo a planejar melhor seus gastos. O objetivo não é questionar os valores de cada participante, ou o que é certo ou errado, mas sim o que é valor para cada um do grupo, sem abrir mão do bem-estar, dando atenção àquilo que é prioridade e fazer planejamento, uma reeducação financeira.

Ao final do encontro pode-se estimular o grupo a construir a sua Tabela de Ganhos e Gastos anotando todo o dinheiro recebido no mês e todos os gastos fixos e extras. É sugerido que comprem um bloco de anotações pequeno para levar consigo, ou anotem em sua agenda diária todas essas informações. Com as informações organizadas fica mais fácil fazer o planejamento

POSSIBILIDADES DE AÇÃO

Objetivos:

- Identificar as possibilidades de ação na situação de aposentados.
- Estabelecer projetos de futuro.

Tempo

- O tempo previsto é de 90 minutos.

Material

- Para sua realização, são necessárias folhas de papel pardo, revistas, cola e tesouras, pincéis atômicos e canetas coloridas.

Procedimento

O orientador coloca no chão, à disposição dos participantes, uma folha de papel pardo de mais ou menos três metros e o resto do material (revistas, colas, canetinhas e tesouras). Solicita para fazerem uma colagem, onde cada um procure representar as atividades possíveis de serem realizadas na aposentadoria. Para esta etapa são destinados aproximadamente 30 minutos.

Os participantes devem comentar sobre as colagens produzidas, como se sentiram ao dividir o papel com os colegas, se o espaço era suficiente, ou se faltou, quais eram os projetos semelhantes e os diferentes, quais as possibilidades de realizarem projetos conjuntos. É importante também observar como as figuras ocuparam o espaço da folha, se foi todo ocupado, ou se sobraram espaços vazios, quais seriam os significados destes vazios, e as atividades que ainda podem ser realizadas. É interessante deixar fluir a livre expressão em relação ao cartaz elaborado, pois da associação livre surgem avaliações muito interessantes e inesperadas das produções feitas.

Síntese conclusiva

O orientador, a partir dos comentários dos participantes, reflete sobre os projetos construídos nas colagens, pois estes representam os seus anseios. A realização dos projetos depende muito do empenho de cada um, da busca por tal realização, mesmo com as dificuldades reais existentes. Observamos que muitas vezes são coladas figuras de viagens, passeios, visitas aos parentes. Outras vezes são figuras de momentos familiares, com os netos e filhos, em situações de lazer.

A VIAGEM

Objetivos

- Identificar os sentimentos referentes ao desligamento do trabalho.
- Elencar possíveis medos e temores em relação ao retorno ao lar e ao convívio com a família.

Tempo

- O tempo previsto é de 60 minutos.

Material

- Para sua realização, são necessárias folhas de papel, canetas e música relaxante para o momento da reflexão.

Procedimento

O orientador explica aos participantes que vai ler uma história e estes devem se imaginar como personagens desta história. Cada participante procura uma posição relaxada e, de preferência, de olhos fechados, ao iniciar a música relaxante. A história fala de uma pessoa que recebe um prêmio pela sua aposentadoria. O prêmio é uma viagem e será realizada sem a família.

Antes da realização da viagem, a pessoa é solicitada a retirar todos os seus pertences do local de trabalho, despedindo-se dos amigos, deixando seu local de trabalho. Como está se sentindo neste momento? Agora está retornando à sua casa, ao seu lar. Como se sente agora na condição de aposentado? Finalmente, ela inicia a viagem – recebida como um prêmio pela aposentadoria. A viagem está sendo feita sem a presença dos familiares. Para qual lugar está indo? Como é este lugar? O que vai fazer lá? Quem está lhe acompanhando? Como está se sentindo longe da família? Agora, de volta ao grupo, retornando da viagem e aos poucos, mexendo as mãos e os pés, abrindo os olhos devagar.

Quando todos se encontram novamente em suas posições originais e de olhos abertos, o orientador pede para cada participante relatar a viagem, os locais por onde passou, as sensações e as imagens percebidas. Como se sentiram longe da família? Gostaria que alguém estivesse junto nesta viagem? Quem?

Síntese conclusiva

O orientador encerra o encontro enfatizando que, no momento da aposentadoria, o diálogo com a família é essencial. O novo papel a ser desempenhado dentro do contexto familiar necessita ser elaborado por todas as partes envolvidas no processo. O fato de realizar uma viagem sem a presença de familiares auxilia os participantes a tomarem uma distância e a imaginarem como seria este momento, quais os sentimentos que podem emergir nessa situação.

13
A AVALIAÇÃO E O ACOMPANHAMENTO

O processo de avaliação é necessário porque possibilita verificar não só a qualidade do trabalho desenvolvido, como também a coerência do Programa dentro da política de recursos humanos da organização.

Relembremos o objetivo maior do Programa de agir proativamente em fatores que se manifestam com maior intensidade nos momentos que antecedem a aposentadoria, de modo a reduzir ansiedades próprias a tal fase e servir de facilitador na elaboração de novos planos, como também na reelaboração de projetos de vida.

Os objetivos específicos propostos: incentivar a reflexão a respeito de possíveis alternativas de ação; identificar e facilitar a reelaboração perceptiva e afetiva de estereótipos associados ao aposentado; avaliar os efeitos na saúde integral dos participantes; evidenciar a importância da qualidade dos vínculos familiares; resgatar nos participantes a valorização do bem-estar físico e emocional; mostrar a importância do esporte e do lazer; e proporcionar meios de reconhecimento das possibilidades concretas de emancipação e autorrealização humana durante a aposentadoria.

A avaliação do Programa serve para verificar se os objetivos foram efetivamente contemplados. Visando a avaliar em que grau os objetivos foram alcançados, podemos utilizar diferentes procedimentos e técnicas: entrevistas individuais ou em grupo, discussões em pequenos e grandes grupos, questionários e outros.

A avaliação do Programa deve ocorrer em diferentes níveis:

- dos principais interessados, ou seja, dos próprios participantes;
- dos orientadores (internos e externos);
- do Departamento de Recursos Humanos;
- dos gerentes e supervisores no local de trabalho;
- da administração central da organização;
- das famílias dos participantes e outros interessados.

Ao nível dos participantes, instrumentos podem ser adotados de modo a acompanhar durante todos os encontros as reações observadas e comentários realizados, tanto na percepção das palestras como das vivências. No último encontro, utiliza-se um instrumento de avaliação referente aos conteúdos apresentados nas palestras informativas, ao tempo utilizado no desempenho das atividades, a performance dos orientadores e dos ministrantes, aos recursos humanos e materiais utilizados e a contribuição para o crescimento pessoal de seus participantes.

As metas que cada participante estabelece para si, a obtenção de informações e ajustes a novas circunstâncias deve ser um processo continuado. Apreender tal processo é intenção primordial das estratégias desenvolvidas no Programa. Contatos posteriores com os participantes, ao longo do tempo em que já se encontram efetivamente aposentados, permitem avaliar em que medida mantêm-se informados e capazes de superar os problemas que surgem.

Convites podem ser estendidos a todos que já completaram um ciclo de encontros, para participar de atividades promovidas periodicamente nas organizações. A participação em tais atividades permite mobilizar a pessoa na sustentação dos resultados já firmados anteriormente. Gera também oportunidades de obtenção de informações para acompanhamento dos resultados, ao mesmo tempo em que mantém o vínculo estabelecido e assegura a disponibilização do atendimento ao aposentado em qualquer época.

O desempenho dos orientadores internos e externos ao Programa é avaliado ao final de cada encontro, através da manifestação oral dos participantes. Registre-se que os comentários informais durante o intervalo entre as atividades fornecem indicadores relevantes da compreensão e do envolvimento dos participantes com o assunto tratado.

O desempenho dos orientadores internos e externos também é avaliado pelo formulário aplicado no último encontro. As informações a respeito da qualidade com que o Programa vem sendo realizado também são obtidas por meio das supervisões semanais, onde cada um dos encontros é exaustivamente avaliado por seus orientadores, em conjunto com os representantes do Departamento de Recursos Humanos. Permite um registro das dificuldades e avanços de cada orientador e da condução.

O Departamento de Recursos Humanos realiza uma avaliação, assim como para outros programas desenvolvidos na Organização, incluindo os seguintes itens de avaliação: conteúdo ministrado, tempo utilizado no desenvolvimento das atividades, desempenho dos instrutores, conhecimento do assunto, recursos didáticos utilizados, utilidade das informações, envolvimento dos participantes, organização e apoio administrativo.

As atividades de avaliação (ou manutenção) devem incluir sessões de esclarecimentos para gerentes e supervisores com a intenção de auxiliá-los no trato com seus colaboradores prestes a se aposentar. Também podemos obter informações a propósito dos resultados que observaram nas verbalizações e outros comportamentos do trabalhador enquanto participa dos encontros, bem como após efetivar a aposentadoria. As manifestações dos colegas daquele que se aposentou ou está se aposentando também podem ser resgatadas na consulta aos gerentes e supervisores.

Finalmente, ao nível da administração central da organização, avaliar o Programa compreende interpretar suas conexões e sua coerência com o conjunto das atividades gerenciais empreendidas. Entende-se que o gerenciamento, nos atuais tempos de mudança e valores revisitados, implica processos que promovam a participação ativa das pessoas na construção de seus futuros, individuais e coletivos.

A aposentadoria também é uma escolha, como as outras escolhas ao longo da carreira. É relevante ir diminuindo a rotina de trabalho com o tempo, pouco a pouco, para minimizar o vazio e outros possíveis efeitos do rompimento.

Para finalizar, registramos alguns depoimentos de participantes de diferentes turmas de nosso Programa:

- "Eu me sentia apreensivo em relação ao enfrentamento da aposentadoria, que desejava, porém, temia! Ao participar, percebi que as outras pessoas sentiam as mesmas dificuldades que eu!" (Vicente, 55 anos)
- "O Programa foi importante para tomar consciência da necessidade de não deixar a 'peteca cair' nas atividades físicas, mental, cultural, social, saúde, afetivo, alegria, etc., saio me sentindo mais confiante e parabenizo aos coordenadores." (Alice, 52 anos)
- "Antes de iniciar os encontros me sentia muito desorientado e sem saber o que fazer diante do 'desconhecido' (aposentadoria). Quando participava me sentia satisfeito, pois me auxiliou a pensar com mais objetividade naquilo que eu quero e posso fazer e, hoje, estou mais confiante e com mais conhecimentos e amizades." (Lúcia, 57 anos)
- "O Programa me ajudou a perceber que preciso planejar o tempo de aposentadoria de forma plena, pois acredito que o exercício de um *hobby* e um trabalho voluntário não é suficiente para preencher o tempo livre." (Francisco, 54 anos)
- "Antes de iniciar os encontros, sentia um pouco de medo, já que foi no momento em que formalizei a possibilidade de parar com minha atividade profissional, para mim muito prazerosa." (Isabel, 55 anos)
- "Vale ressaltar a importância de convidar profissionais para ministrar palestras durante os encontros, uma vez que estes são capacitados para discutir, de forma mais abrangente, alguns assuntos relacionados à aposentadoria de interesse dos participantes." (Fernando, 56 anos)
- "Entrei com a ideia de não me aposentar e saio com a mesma ideia. Não tenho medo da aposentadoria, mas do ócio, do tempo livre, de não ter nada pra fazer!" (Sofia, 51 anos)

- "Ao final dos encontros, os participantes se mostraram satisfeitos e interessados em continuar a manter contato. Foi possível perceber a busca de novas atividades, novos laços de amizade, cuidados com a saúde. E ainda a percepção de que ainda têm tempo para a realização de alguns sonhos e projetos pessoais, a vontade de se dedicar a atividades que lhes dão prazer e aos familiares, muitas vezes deixados em segundo plano durante o tempo do trabalho." (orientador do grupo)
- "Durante os encontros, alguns pontos se destacaram como incômodos a determinados integrantes do grupo, como a questão do envelhecimento, a saída dos filhos de casa e a sensação de 'ninho vazio'. E a necessidade de buscar seu lugar dentro de casa, a ansiedade frente ao que fazer com o seu dia livre e a dificuldade de uma inserção social, devido à perda do convívio com os amigos do ambiente de trabalho." (orientador do grupo)

Procuramos resumir aqui as observações e os registros que têm sido mais comuns. Tais descobertas demonstram a importância de se construir projetos nesta etapa da vida do trabalhador, conforme discutido no Capítulo 5 deste livro. Por meio dos projetos, criamos o suporte necessário para manter o aposentado "olhando para o seu futuro", construindo continuamente algo que ainda não está acabado, e que talvez nunca termine. Tudo isso, orientado pela ideia de não abrir mão, em hipótese alguma, de ser o principal protagonista da sua existência.

REFERÊNCIAS

ALBUQUERQUE, F. J. B.; PUENTE-PALACIOS. Grupos e equipes nas organizações. In: ZANELLI, J. C.; BORGES-ANDRADE, J. A.; BASTOS, A. V. B. (Org.). *Psicologia, organizações e trabalho no Brasil*. Porto Alegre: Artmed, 2004. cap. 11. p. 357-379.

ANTUNES, R. *Adeus ao trabalho?*: ensaio sobre as metamorfoses e a centralidade do mundo do trabalho. São Paulo: Cortez, 1995.

ARANHA, M. S. F. *Trabalho e emprego*: instrumento de construção da identidade pessoal e social. São Paulo: SORRI-BRASIL, 2003.

ARGYRIS, C. *Personalidade e organização*: o conflito entre o sistema e o indivíduo. Rio de Janeiro: Editora Renes, 1969.

BAILYN, L. Integrando o trabalho e a vida pessoal na prática. In: BERGER, P. L.; LUCKMAN, T. *A construção social da realidade*: tratado de sociologia do conhecimento. Petrópolis: Vozes, 1999.

BARKER, J. A. *A visão do futuro*. São Paulo: Siamar Produtora ChartHouse, 2010.

BERGER, P. L.; LUCKMANN, T. A. *A construção social da realidade*. São Paulo: Vozes, 1985.

BERNHOEFT, R. *Origens e perspectivas do "pós-carreira" no Brasil*. Disponível em: <www.partes.com.br/emrhede/poscarreira.asp>. Acesso em: 07 nov. 2009.

BERNHOEFT, R. *Trabalhar e desfrutar*: equilíbrio entre vida pessoal e profissional. São Paulo: Nobel, 1991.

BÍSCARO, W. *Maturidade e poder pessoal*: caminhos do autodesenvolvimento. São Paulo: Brasiliense, 1994.

BLEKESAUNE, M.; SOLEM, P. E. Working conditions and early retirement: a prospective study of retirement behavior. *Research on Aging*, v. 27, n. 1, p. 3-30, 2005.

BLUSTEIN, D. L. Social cognitive orientations and career development: a theoretical and empirical analysis. *Journal of Vocational Behavior*, v. 31, p. 63-80, 1987.

BORDENAVE, J. E. D. *O que é participação*. São Paulo: Editora Brasiliense, 1999.

BORGES, L. O.; ALBUQUERQUE, F. J. B. Socialização organizacional. In: ZANELLI, J. C; BORGES-ANDRADE, J. E.; BASTOS, A. V. B. (Org.). *Psicologia, organizações e trabalho no Brasil*. Porto Alegre: Artmed, 2004. p. 331-356.

BOSI, E. *Memória e sociedade*: lembranças de velhos. São Paulo: Companhia das Letras, 1995.

BRANCO, P. D.; VERGARA, S. C. Empresa humanizada: a organização necessária e possível. *RAE*: Revista de Administração de Empresas, v. 41, n. 2, abr./jun. 2001.

BRIDGES, W. *Mudança nas relações de trabalho*. São Paulo: Makron, 1995.

BRIDGES, W. *Um mundo sem empregos*: os desafios da sociedade pós-industrial. São Paulo: Makron Books, 1995.

BRONNER, S. E. *Da teoria crítica e seus teóricos*. Campinas: Papirus, 1997.

BROWN, A. Narcissism, identity and legitimacy. *Academy of Management*, v. 22, p. 643-686, 1997.

BROWN, A.; STARKEY, K. Organizational identity and learning: a psychodynamic perspective. *The Academy of Management Review*, v. 25, n. 1, p. 102-120, 2000.

BRUNS, M. A. T.; ABREU, A. S. O envelhecimento: encantos e desencantos da aposentadoria. *Revista da ABOP*, v. 1, n. 1, p. 5-33, 1997.

CASTILHO, A. *Liderando grupos*: um enfoque gerencial. Rio de Janeiro: Qualitymark, 1992.

CIAMPA, A. C. *A estória do Severino e a história da Severina*: um ensaio de psicologia social. São Paulo: Brasiliense, 1990.

CIAMPA, A. C. Identidade. In: LANE, S. T. M.; CODO, W. (Org.). *Psicologia social*: o homem em movimento. São Paulo: Brasiliense, 1988.

COOPERMAN, E. M. Retirement prepare now. *CMA Journal*, v. 117, p. 421-422, 1977.

COSTA, A. B. *Projetos de futuro na aposentadoria*. 2009. Dissertação (Mestrado) – Universidade Federal de Santa Catarina, Florianópolis, 2009.

COUTINHO, M. C.; KRAWULSKI, E.; SOARES, D. H. P. Identidade e trabalho na contemporaneidade: repensando articulações possíveis. *Psicologia e Sociedade*, v. 19, p. 29-37, 2007.

DEBETIR, E. *Preparação para aposentadoria e qualidade de vida*. 1999. Dissertação (Mestrado em Administração) – Universidade Federal de Santa Catarina, Florianópolis, 1999.

DEL PRETTE, A.; DEL PRETTE, Z. *Psicologia das relações interpessoais*: vivências para o trabalho em grupo. 3. ed. Petrópolis: Vozes, 2001.

DEPS, V. L. *A transição à aposentadoria, na percepção de professores recém-aposentados da Universidade Federal do Espírito Santo*. Tese (Doutorado em Educação) – Universidade Estadual de Campinas, Campinas, 1994.

DICIONÁRIO MICHAELIS. Editor Walter Weiszflog. São Paulo: Melhoramentos, c1998-2007.

DONKIN, R. *Sangue, suor e lagrimas*. São Paulo: M. Books do Brasil, 2003.

DUBAR, C. *La socialisation*: construction des identités sociales et professionnelles. 2. ed. Paris: Armand Colin, 1996.

ELLINOR, L.; GERARD, G. *Diálogo*: redescobrindo o poder transformador da conversa: criando e mantendo a colaboração no trabalho. São Paulo: Futura, 1998.

EMILIANI, F. *A realidade das pequenas coisas*: a psicologia do cotidiano. São Paulo: Senac, 2009.

ENRIQUEZ, E. Perda do trabalho, perda da identidade. In: CARVALHO, A. N.; NABUCO, M. R. (Org.). *Relações de trabalho contemporâneas*. Belo Horizonte: Instituto de Relações do Trabalho da PUC-Minas, 1999. p. 69-83

FENALTI, R. C. S.; SCHWARTZ, G. M. Universidade aberta à terceira idade e a perspectiva de re-significação do lazer. *Revista Paulista de Educação Física*, v. 17, n. 2, p. 131-141, 2003.

FERICGLA, J. M. *Envejecer*: una antropología de la ancianidad. Barcelona: Anthropos, 1992.

FERREIRA, A. B. H. *Novo dicionário Aurélio da língua portuguesa*. 3. ed. Curitiba: Positivo, 2004.

FERREIRA, V. M. R. M. *Decisões econômicas*: você já parou para pensar? São Paulo: Saraiva, 2007.

FORRESTER, V. *O horror econômico*. São Paulo: Universidade Estadual Paulista, 1997.

FORTEZA, J. A. La preparación para el retiro. *Anales de psicologia*, v. 6, n. 2, p. 101-114, 1990.

FRANÇA, L. H. Influências sociais nas atitudes dos 'Top' executivos em face da aposentadoria: um estudo transcultural. *Revista de Administração Contemporânea*, v. 13, n. 1, p. 17-35, jan./mar. 2009.

FRANÇA, L. H. Terceira idade: o trabalho social com idosos no SESC e os programas de preparação para aposentadoria nas empresas. *Revista de Administração Pública*, v. 26, n. 3, p. 174-181, 1992.

FRANÇA, L. H. de F. P. *O desafio da aposentadoria*: o exemplo dos executivos do Brasil e da Nova Zelândia. Rio de Janeiro: Editora Rocco, 2008.

FRANÇA, L. H. de F. P. *Repensando aposentadoria com qualidade*: um manual para facilitadores de programas de educação para a aposentadoria em comunidades. Rio de Janeiro: UnATI/UERJ, 2002.

FRANÇA, L. H. de F. P.; SOARES, D. H. P. Preparação para a aposentadoria como parte da educação ao longo da vida. *Psicologia*: ciência e profissão, v. 29, n. 4, p.738-751, 2009.

FRANÇA, L. H. de F. P.; VAUGHAN, G. Ganhos e perdas: atitudes dos executivos brasileiros e neozelandeses na aposentadoria. *Psicologia em Estudo*, v. 13, p. 207-216, 2008.

FRANKL, V. *Man's search for meaning*. New York: Washington Square Press, 1984.

FREITAS, M. E. *Viva a tese*: um guia de sobrevivência. São Paulo: FGV, 2002.

FRIEDMAN, S. D.; CHRISTTENSEN, P.; DEGROOT, J. *Trabalho e vida pessoal*: o fim do jogo soma zero. Rio de Janeiro: Campus, 2001.

FRITZ, R. *Estrutura e comportamento organizacional*. São Paulo: Pioneira, 1997.

FROMM, E. *Ter ou ser?* Rio de Janeiro: Zahar, 1980.

GABRIEL, J. R. *Saúde mental e aposentadoria*. Dissertação (Mestrado em Psicologia Clínica) – Instituto Metodista de Ensino Superior, São Bernardo do Campo, 1984.

GOFFMAN, E. *A representação do eu na via cotidiana*. São Paulo: Vozes, 1985.

GUIDI, M. L. M.; MOREIRA, M. R. L. P. *Rejuvenecer a velhice*: novas dimensões da vida. Brasília: Editora da Universidade de Brasília, 1994.

HALL, H. R. *Organizações*: estruturas, processos e resultados. São Paulo: Pearson Prentice Hall, 2004.

HAMBLIN, A. C. *Avaliação e controle de treinamento*. São Paulo: McGraw-Hill do Brasil, 1978.

HARRIS, S. G. Organizational culture and individual sensemaking: a schema-based perspective. *Organization Science*, v. 5, n. 3, p. 309-321, 1994.

INSTITUTO BRASILEIRO DE GEOGRAFIA E ESTATÍSTICA. Banco de Dados Agregados. Sistema IBGE de Recuperação Automática - SIDRA. Disponível em: <http://www.sidra.ibge.gov.br/>. Acesso em: 01 out. 2008.

JANS, N. A. The nature and measurement of work involvement. *Journal of Occupational Psychology*, v. 55, p. 57-62, 1982.

LEITE, C. B. *O século da aposentadoria*. São Paulo: LTr, 1993.

LIMA, M. B F. *Aposentadoria e tempo livre*: um estudo com policiais federais. Dissertação (Mestrado) – Universidade Federal de Santa Catarina, Florianópolis, 2010.

LIMA-COSTA, M. F.; MATOS, D. L.; CAMARANO, A. A. Evolução das desigualdades sociais em saúde entre idosos e adultos brasileiros: um estudo baseado na Pesquisa Nacional por Amostra de Domicílios (PNAD 1998, 2003). *Ciência & Saúde Coletiva*, v. 11, n. 4, p.941-950, dez. 2006.

LUNDIN, S. C.; CHRISTENSEN, J.; PAUL, H. *Peixe para a vida inteira*. São Paulo: Sextante, 2007.

MACHADO, H. V. A Identidade e o contexto organizacional: perspectivas de análise. *Revista de Administração Contemporânea*, p. 51-73, 2003. Edição especial.

MAIA, F. de O. M. et al. Fatores de risco para mortalidade em idosos. *Revista Saúde Pública*, v. 40, n. 6, p. 1049-1056, 2006.

MARQUES, M. M.; EUZEBY, A. Um regime único de aposentadoria no Brasil: pontos para reflexão. *Revista Nova Economia*, v. 15, n. 3, p. 11-29, 2005.

MARTIN-BARÓ, I. *Acción e ideologia*: psicologia social desde centroamérica. San Salvador: UCA, 1985.

MARX, K.; ENGELS, F. *O manifesto do partido comunista*. São Paulo: Martin Claret, 2005.

MASI, D. de. *O ócio criativo*. Rio de Janeiro: Sextante, 2000.

MASLOW, A. H. *Diário de negócios de Maslow*. Rio de Janeiro: Qualitymark, 2003.

MASLOW, A. H. *Maslow no gerenciamento*. Rio de Janeiro: Qualitymark, 2000.

MAXWELL, J. C. *Você pode realizar seu sonho*: 10 perguntas para ajudar você a identificar e agarrar seu sonho. Rio de Janeiro: Thomas Nelson Brasil, 2009.

MENDES, A. M.; TAMAYO, A. Valores organizacionais e prazer sofrimento no trabalho. *Revista PSICO*, v. 6, n. 1, p. 39-46, 2001.

MERTON, R. K. *Sociologia*: teoria e estrutura. São Paulo: Mestre Jou, 1970.

MEYER, H. H.; ALLEN, N. J. *Commitment in the workplace*: theory, research and application. Thousand Oaks: Sage, 1997.

MOORE, T. Biomechanics: a Spring in its step. *Natural History*, v. 116, n. 4, p. 28-9, 2007.

MORAGAS, R. M. *Gerontologia social*: envejecimiento y calidad de vida. Barcelona: Herder, 1991.

MORIN, E. Os sentidos do trabalho. *Revista de Administração de Empresas*, v. 41, n. 3, p. 8-19, jul./set. 2001.

MORIN, E.; TONELLI, M. J.; PLIOPAS, A. L. V. O trabalho e seus sentidos. *Psicologia & Sociedade*, v. 19, n. 1, p. 47-56, 2007.

MOSER, G. *Les relations interpesonnelles*. Paris: Presses Universitaires de France, 1994.

MUCHINSKY, P. M. *Psicologia organizacional*. São Paulo: Thomson, 2004.

MUNIZ, J. A. PPA: programa de preparação para o amanhã. *Estudos de Psicologia*, v. 2, n. 1, p. 198-204, 1996.

NAHAS, M. V. *Atividade física, saúde e qualidade de vida*: conceitos e sugestões para um estilo de vida ativo. Londrina: Miograf, 2003.

NERI, A. L. *Qualidade de vida e idade madura*. São Paulo: Papirus, 1993.

O'BRIEN, G. E. Locus of control, work and retirement. In: LEFCOURT, H. M. (Ed.). *Research with the locus of control construct*: extensions and limitations. Orlando: Academic Press, 1984. v. 3.

OSIPOW, S. H. Convergence in theories of career choice and development: review and prospect. *JournaJ of VocationaJ Behavior*, v. 36, p. 122-131, 1990.

PINTO, G. A. *A organização do trabalho no século XX*: taylorismo, fordismo e toyotismo. São Paulo: Expressão Popular, 2007.

RAMOS, A. G. *A nova ciência das organizações*: uma reconceituação da riqueza das nações. Rio de Janeiro: FGV, 1989.

RIFKIN, J. *El fin del trabajo*: nuevas tecnologías contra puestos de trabajo: el nacimiento de una nueva era. Buenos Aires: Paidós, 1996.

RODRIGUES, M. et al. A preparação para a aposentadoria: o papel do psicólogo frente a essa questão. *Revista Brasileira de Orientação Profissional*, v. 6, n. 1, p. 53-62, 2005.

RODRIGUES, N. C. Aspectos sociais da aposentadoria. In: SCHONS, C. R.; PALMA, L. S. (Org.). *Conversando com Nara Costa Rodrigues*: sobre gerontologia social. Passo Fundo: UPF, 2000. p. 21-25.

ROGERS, C. R. *Torna-se pessoa*. Rio de Janeiro: Martins Fontes, 1991.

ROMANINI, D. P.; XAVIER, A. A. P.; KOVALESKI, J. L. Aposentadoria: período de transformações e preparação. *Revista Gestão Industrial*, v. 1, n. 3, p. 93-102, 2005.

ROS, M. Valores, atitudes e comportamentos: uma nova visita a um tema clássico. In: ROS, M.; GOUVEIA, V. V. (Org.). *Psicologia social dos valores humanos*: desenvolvimentos teóricos, metodológicos e aplicados. São Paulo: SENAC, 2006.

ROSDOLSKY, R. *Gênese e estrutura de O Capital de Karl Marx*. Rio de Janeiro: Contraponto, 2001.

ROUSSEAU, D. M. *Psychological contracts in organizations*. Thousand Oaks: Sage, 1995.

SALGADO, M. A. *Velhice, uma nova questão social*. São Paulo: SESC, 1980.

SANTOS, M. F. S. *Identidade e aposentadoria*. São Paulo: EPU, 1990.

SAVISHINSKY, J. Creating the right rite of passage for retirement: celebrate with care. *Generations*, v. 26, n. 2, p. 80-82, 2002.

SCHAIE, K. W. *Adult development and aging*. New York: HarperCollins, 1996.

SCHEIN, E. H. *Ajuda a relação essencial*. São Paulo: Arx, 2009a.

SCHEIN, E. H. *Career dynamics*: matching individual and organizational needs. Reading: Addison-Wesley, 1978.

SCHEIN, E. H. *Cultura organizacional e liderança*. São Paulo: Atlas, 2009b.

SCHEIN, E. H. *Identidade profissional*: como ajustar suas inclinações as suas opções de trabalho. São Paulo: Nobel, 1996.

SCHEIN, E. H. *Organizational and Managerial Culture as a Facilitator or Inhibitor of Organizational Learning*: working papers. [S. l.]: MIT's Center for Organizational Learning, 1994. Disponível em: <http://www.solonline.org/res/wp/10004.html>. Acesso em: 17 fev. 2010.

SCHEIN, E. H. *Organizational culture and leadership*. San Francisco: Jossey-Bass, 1985.

SCHEIN, E. H. *Princípios da consultoria de processos*: para construir relações que transformam. São Paulo: Petrópolis, 2008.

SCHEIN, E. H. *Psicologia organizacional*. Rio de Janeiro: Prentice Hall do Brasil, 1982.

SCHUMACHER, E. F. *O negócio é ser pequeno*: um estudo de Economia que leva em conta as pessoas. Rio de Janeiro: Zahar Editores, 1983.

SENGE, P. et al. *A dança das mudanças*: os desafios de manter o crescimento e o sucesso em organizações que aprendem. Rio de Janeiro: Campus, 1999.

SENGE, P. et al. *Presença*: propósito humano e o campo do future. São Paulo: Cultrix, 2007.

SENGE, P. M. *A quinta disciplina*: arte, teoria e prática da organização de aprendizagem. São Paulo: Best Seller, 1990.

SHEEHY, G. *Passagens*: crises previsíveis da vida adulta. Rio de Janeiro: Francisco Alves, 1988.

SHEPHARD, R. J. Custos y benefícios de una sociedad deportiva activa v/s una sociedad sedentaria. In: SIMPOSIO INTERNACIONAL DE ACTUALIZACIÓN EN CIENCIAS APLICADAS AL DESPORTE, 3., 1994, Rosario. *Resúmenes...* Rosario: [s. n.], 1994.

SNYDER, C. R.; LOPEZ, S. J. *Psicologia positiva*: uma abordagem cientifica e pratica das qualidades humanas. Porto Alegre: Artmed, 2009.

SOARES, D. H. P. *A escolha profissional*: do jovem ao adulto. São Paulo: Ed. Summus 2002.

SOARES, D. H. P. *Estudo de tempo livre e projetos de vida futura em aposentados e pré-aposentados*. Brasília: CNPq, 2008/2012. Projeto de Pesquisa.

SOARES, D. H. P. et al. Aposenta-ação: programa de preparação para aposentadoria. *Estudos interdisciplinares sobre o envelhecimento*, v. 12, p. 143-161, 2007.

SOARES, D. H. P.; COSTA, A. Projetos de futuro na aposentadoria: uma discussão fundamentada pela orientação profissional em psicologia. *Revista Perspectivas en Psicología Facultad de Psicología de la UNMdP*, v. 5, n. 2, p. 37-46, 2008.

SOARES, D. H. P.; SESTREN, G. Projeto profissional: o redimensionamento da carreira em tempos de privatização. *Psicologia e Sociedade*, v. 19, p. 66-74, 2007.

SOARES-LUCCHIARI, D. H. P. (Org.). *Pensando e vivendo a orientação profissional*. 7. ed. São Paulo: Summus, 2007.

SPENCER, J. *Quem mexeu no meu queijo?* 21. ed. São Paulo: Record, 2001. 108 p.

STEPHENS, D. C. *Diário de negócios de Maslow*. São Paulo: Qualitymark, 2003.

STUCCHI, D. *Os programas de preparação a aposentadoria e o remapeamento do curso de vida do trabalhador*. 1994. 232 f. Dissertação (Mestrado em Antropologia Social) – Instituto de Filosofia e Ciências Humanas, Universidade Estadual de Campinas, Campinas, 1994.

TEIXEIRA, J. A. C. Introdução à psicoterapia existencial. *Análise Psicológica*, v. 24, n. 3, p. 289-309, jul. 2006.

TEIXEIRA, M. L. M.; PEREIRA, E. L. Compatibilidade entre indivíduos e organização: uma proposta com base na teoria de valores de Schwartz. In: TEIXEIRA, M. L. M. (Org.). *Valores humanos & gestão*: novas perspectivas. São Paulo: SENAC, 2008.

TOFLER, A. *Powershift*: as mudanças do poder. São Paulo: Editora Record, 1990.

UVALDO, M. C. Relação homem trabalho. In: BOCK, A. M. (Org.). *A escolha profissional em questão*. São Paulo: Casa do Psicólogo, 1995. p. 215-237.

VASCONCELOS, F. C. de; VASCONCELOS, I. F. G. de; MASCARENHAS, A. O. Paradoxos organizacionais, gestão de pessoas e tecnologia na Souza Cruz. *RAE eletrônica*, v. 3, n. 2, art. 25, jul./dez., 2004.

VÁZQUEZ, M. S.; DÍAS DE QUIJANO, S. Los grupos en las organizaciones. In: GONZÁLEZ, P. (Coord.). *Psicología de los grupos*: teoria e aplicación. Madrid: Editorial Sínteses, 1997.

VECHIO, R. P. *Comportamento Organizacional*. São Paulo: Cengage Learning, 2008.

VENTURA, A. A. et al. *A vida inteligente*. São Paulo: Nobel, 1993.

VERAS, R. *Terceira idade*: um envelhecimento digno para o cidadão do futuro. Rio de Janeiro: Relume, 1995.

VERAS, R.P; RAMOS, L.R; KALACHE, A. (1987) Crescimento da população idosa no Brasil: transformações e conseqüências na sociedade. *Revista de saúde pública*, v. 21, n. 3, p. 225-233, 1987.

VITOLA, J. de O. C. Sentido de vida e realização pessoal em pessoas de terceira idade. In: SARRIERA, J. C. (Org.). *Psicologia comunitária*: estudos atuais. 2. ed. Porto Alegre: Sulina, 2004. p. 160-196.

WALTON, R. Quality in working life: what is it? *Sloan Management Review*, v. 15, n. 1, p.11-21, 1973.

WIND, Y. J.; CROOK, C.; GUNTHER, R. *A força dos modelos mentais*: transforme sua vida e a vida de seu negócio. Porto Alegre: Bookman, 2005.

WITCZAK, M. V. C. *Envelhecer ao aposentar-se*: discutindo a aposentadoria masculina, o envelhecer e o subjetivar. Santa Cruz do Sul: EDUNISC, 2005.

WORLD HEALTH ORGANIZATION. *Envelhecimento ativo*: uma política de saúde. Brasília: Organização Pan-Americana da Saúde, 2005. Disponível em: <http://bvsms.saude.gov.br/bvs/publicacoes/envelhecimento_ativo.pdf>. Acesso em: 17 fev. 2010.

ZANELLI, J. C. Aposentadoria: percepções dos servidores da Universidade Federal de Santa Catarina. In: ENCONTRO DA ASSOCIAÇÃO NACIONAL DOS PROGRAMAS DE PÓS-GRADUAÇÃO EM ADMINISTRAÇÃO, 18., 1994, Curitiba. Anais... Curitiba: [s. n.], 1994.

ZANELLI, J. C. et al. *Estresse nas organizações de trabalho*: compreensão e intervenção baseadas em evidências. Porto Alegre: Artmed, 2010.

ZANELLI, J. C.; SILVA, N. *Interação humana e gestão*: a construção psicossocial das organizações de trabalho. São Paulo: Casa do Psicólogo, 2008.

ZANELLI, J. C.; SILVA, N. *Programa de preparação para aposentadoria*. Florianópolis: Insular, 1996.

ZELINSKI, E. J. *1001 formas de disfrutar de su jubilación*. Barcelona: Editorial Amat, 2003.